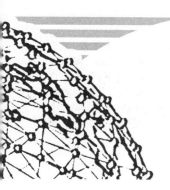

创意型城市的经济哲学研究

李成彬⊙著

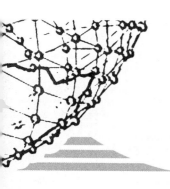

清华大学出版社
北　京

内容简介

本书是一部从经济哲学视角研究创意型城市的著作,试图探讨作为城市精神气质的创意如何生成和保持,以及如何造就城市经济的繁荣。

首先,本书研究了城市发展史,发现城市先天地具有创新的禀赋。此禀赋彰显的时候,城市就繁荣昌盛,遮蔽的时候就趋于衰落。其次,本书探讨了现代城市所面临的根本挑战。城市人的劳动受到资本逻辑和福特制组织方式的双重挤压,处于一个严重的二律背反之下:资本追求扩张却又遏制了扩张的空间,生产追求效率却又阻碍了效率的提升。创意型城市则是能合理应对此挑战,孕育创新的有机体。最后,本书审视了创意阶层、文化产业、网络社会、体验经济、事件经济等与城市之间的关联,反思了城市如何在"识变、应变、策变"三个不同层次彰显其创意的实质。

图书在版编目(CIP)数据

创意型城市的经济哲学研究/李成彬著. --北京:清华大学出版社,2016
(清华汇智文库)
ISBN 978-7-302-43430-6

Ⅰ.①创…　Ⅱ.①李…　Ⅲ.①城市经济－经济哲学－研究　Ⅳ.①F290

中国版本图书馆 CIP 数据核字(2016)第 072664 号

责任编辑:杜　星
封面设计:汉风唐韵
责任校对:宋玉莲
责任印制:宋　林

出版发行:清华大学出版社
　　　　网　　址:http://www.tup.com.cn,http://www.wqbook.com
　　　　地　　址:北京清华大学学研大厦 A 座　　邮　　编:100084
　　　　社 总 机:010-62770175　　　　　　　邮　　购:010-62786544
　　　　投稿与读者服务:010-62776969,c-service@tup.tsinghua.edu.cn
　　　　质量反馈:010-62772015,zhiliang@tup.tsinghua.edu.cn

印 刷 者:三河市君旺印务有限公司
装 订 者:三河市新茂装订有限公司
经　　销:全国新华书店
开　　本:170mm×230mm　印　张:10.25　插页:1　字　　数:177 千字
版　　次:2016 年 5 月第 1 版　　　　　　　印　　次:2016 年 5 月第 1 次印刷
定　　价:39.00 元

产品编号:068883-01

　　世界经济,波谲云诡。城市竞争,方兴未艾。在充满不确定性的世界经济大潮之中,所有的城市都不可避免地被卷入竞争的洪流。如何在全球化竞争的大局中占据有利的位置,如何实现经济的持续繁荣,是各个城市普遍关心的话题。因此,关于城市竞争的研究,逐渐成为具有时代特色的显学。李成彬博士撰写的《创意型城市的经济哲学研究》,正是此类研究中饶有新意的一个。作者试图从经济哲学的视角探究城市繁荣的深层根源,挖掘城市竞争的核心要素和关键策略,其研究既有实践意义,又有理论价值,是年轻学者为经世之学的大胆尝试。

　　创意并不是纯经济的概念,它既不同于创新,也不同于发明。首先是时序上的不同。创新是经熊彼特定义的经济概念,它指经济主体实施的,可直接规模生产,并带来经济效益的成果。发明则指科技成果,是创新的原料和条件。在此科技成果产出和转化的两阶段中,发明在前,创新在后。创意是每个阶段之前的头脑风暴结果,是引出发明和创新行动的想法,是导致发明和创新成果的前期蓝图。其次是相关主体的不同。创新和发明的主体是微观个体层面的,可以是单个人,也可以是组织良好的合作团队。创意的主体除了可以是经济人之外,还可以是中观的城市集体。这部著作认为,像单个人一样,城市可以有其独特的精神气质。这种富有创意的城市精神气质可以造就一个能量场,使身处其中的经济单元能够不断创新,并促使城市经济实现爆发式增长。作者在考察了中外学者对城市创新与繁荣的研究成果的基础上,对城市繁荣的根基——富有创意的城市精神气质进行了深入的研究,有一些比较富有创见的阐发。在我看来,比较突出的有以下两个方面。①作者从城市发展史的通道,比较了城市和村庄的根本区别,以此阐述城市作为人类最伟大的发明所蕴含的意义。作者认为,创意本就是城市本质中所潜藏的基因。城市像一个大熔炉一样,它吸纳了大量的人口,提供了经济交流和文化融合的场所,并且能够铭记集体记忆,能够储存和流转文化,这些都是激发创意、促进革新、推动进步的必要元素。城市历史积淀下来的多样性、包容度、技术、人才、文化氛围等则使城市具有不同程度的创意气质,这些禀赋的获得、积累和保持又决定着城市不同程度的繁荣与萧条,城市兴衰更替的历史无不印证着这个规律。我认为,这种提法富有新意,可以引起人们的关注和思考,有助于城市积极主动地培育创意氛围,形成有利创新的包容环境与和谐文化。②作者从"创意阶层"入手,深度剖析了城市精英主体的创新引领作用。城市有几个层次的元素构成:自然禀赋和基础设施,人口构成,制度文化和精神气质。作者认为,城市富有创意的精神气质需要富有创意的人群——"创意阶层"贡献力量;同时,城市创意阶层的招徕和孕育需要诸如多样性、包容度等特定环境。正向循环积累逐步造就的创意型城市的竞争力,它在未来以创新和创意为驱动的经济竞争中必然占据优势地位。我认为,作者充满激情的阐述是中肯的,城市的繁荣和发展离不开精英阶层的贡献和富有创意的精神气质,包容开放的文化和制度环境也是城市创新所必需的。

创意是城市的基因,它孕育城市经济的活力;

创意是城市的气质,它决定城市功能与角色。

创意是城市的历史,它筑就城市的文化根基;

创意是城市的未来,它塑造城市的高度与宽度。

创意是城市的彷徨,它是城市对过往的反思;

创意是城市的自信,它是城市在否定之否定中找到的新方向。

创意是城市的思考,它诱导城市理性的成长;

创意是城市的行动,它引致城市的创新并支撑其可持续发展。

愿《创意型城市的经济哲学研究》能引发更多读者的思考,激发更多的城市创意。是为序。

罗守贵①
2015 年 12 月 20 日于上海

---

① 罗守贵,上海交通大学安泰经济与管理学院教授,国际竞争力中心亚太中心主任,知识竞争力与区域发展研究中心主任。

C目录
Contents

第一节 研究背景和意义

一、从熊彼特创新概念到当代创意时代的来临

大约 100 年前,经济学家熊彼特(Schumpeter)以其大才提出了经济创新理论,关注以技术创新为核心的商业创新,关注技术、组织和制度的共同演化,创立了自成体系的创新理论,并对其后的整个经济学界产生了深远的影响。正如代明等所言,他"把创新这一'上天恩赐之物'纳入经济学的研究领域,其非凡的洞察力、开创性及独树一帜吸引了大批经济学人跟进,衍生出长波理论、演化经济学、复杂经济学、系统创新等相关经济理论"[①]。其中,创新的概念也随着研究的进行而出现了发展。熊彼特区分了创新和发明,把创新定义为"建立一种新的生产函数",内容包含五个方面(采用一种新产品或一种产品的新特征,采用一种新的生产方法,开辟一个新市场,掠取或控制原材料或半制成品的一种新的供应来源,实现任何一种工

---

① 代明,殷仪金,戴谢尔.创新理论:1912—2012[J].经济学动态,2012,(4).

业的新的组织)。在熊彼特的继承者那里,创新有了新的内涵,"如今已被用于表达人类所有的创造性行为:不仅有企业(家)创新、技术创新,还有制度创新、政策创新、科学创新、文化创新、管理创新、教育创新、产业创新、金融创新等"①。然而,这日渐丰富的创新的内涵始终因循着熊彼特的思路,创新始终是一个"经济概念",这一切创新理论最终都指向经济系统的物质生产活动。

　　然而,当代经济实践领域的创新出现了新的变化,主要体现在如下五个方面。①创新和变化越来越与两个世界(虚拟的世界、实体的世界)的张力紧密关联。网络社会的崛起逐渐架构起一个虚拟的世界,数字的、抽象的虚拟世界与我们习以为常的传统的、感性的、直观的实体世界之间形成了一种反差和对比,冲击了我们的生产、生活和思维。大数据、3D打印机等在这两个世界之间产生分离或联系的新东西不断冲击着我们的心灵,使得创新远超出了经济创新的概念范畴。②创新和价值判断之间的相互冲击也改变了创新的概念范畴。大哲学家尼采的名言"上帝死了,重估一切价值",指出了社会演进过程中我们所一贯认为自然而然、毫无疑义的价值,意义和伦理道德的尺度都受到剧烈的冲击。马克思在《共产党宣言》中称"一切坚固的东西都烟消云散了",现代经济和社会正以巨大的流变性从根本上改变了整个世界。在这样一个深层意义上,在超越了经济领域的社会巨变、社会转折面前,创新迎来新的内容,有了新的内涵。③创新是"太阳下面每天都有新事物"。在这样一种变化和创新的节奏之中有欢欣鼓舞,有担惊受怕,也有无所适从的郁闷。政府越来越措手不及,社会现有的制度、规则和机构越来越跟不上变化的节奏,人们既享受了满足和快乐,又深深地感到忧患和慌张。④在全球范围内,巨变和历史转折的节奏使得经济、政治、文化形态不断地翻新,变化的速率和尺度不断地升级使得大国领导也束手无策、瞠目结舌。这样一来,创新必然与国家、城市政府的态度相关联,识变、应变、策变成为各级机构积极寻求的能力。⑤全球财富、资本和发展的机会越来越集中到最富创造力的群体周围,个人、群体、企业、城市,乃至国家都被卷进了以创造力为基础的竞争之中,以至于出现了《创意阶层的崛起》这样的力作,创意大师针对现实的变化提出了重要的新思想:创意阶层取代企业成为下一轮城市经济的核心。

　　这样一个变化节奏和尺度都非同寻常的时代,也给创新实践提出了新的挑战和困惑。①当代的特点要求创新之中的古代属性之外,还要更多精神的能动性、意

---

　　①　代明,殷仪金,戴谢尔.创新理论:1912—2012[J].经济学动态,2012,(4).

识的能动性以契合经济的、文化的、政治的联动模式,以链接虚拟世界和实体世界的人的生存境遇。②创新不再只是少数人或群体的任务,它关涉创新的国家和城市战略、创新的人员素质要求、创新的体系化(创新不再是单个人的孤独冥思,新创意到新产品的转化更快,现代创新的应用更快,更成体系)、人机关系的处理(是拉美特里讲的"人是机器",还是福特主义的人附属于机器,成为机械化生产流程的机械环节)等。③创新要紧紧扣住经济发展和财富效应,创新需要用财富、资本效益加以检验。比尔·盖茨、马云和"改变世界"的乔布斯都以其创新的大才,组织了创新的体系并接受了市场的检验,成为成功的创新模范。④创新还必须从战略的高度进行考虑,不然将会得此失彼,得到今天失去未来。也无怪乎彼得·霍尔爵士(Sir Peter Hall)在其大作《城市文明》(*Cities Cirilization*)中充满惋惜地称,历史上的大城市迅速崛起之后的一二十年便又迅速地走向衰退,文明之花的凋零一如其开放一样快到让人措手不及。因此,创新还必须要跳出个体和私向化的狭隘视野,超越个体利益的短视化和急功近利,必须从国家、城市,从社会化的宏大视野进行考虑。这样一个充满不确定,充满机遇也充满挑战的创意时代的来临需要我们对创新和创意型城市进行深入的研究和探讨。

二、"创意型城市"源于对财富变迁的追问

创意型城市是一个"处方"式的概念,是学者和创意大师们为城市复兴开出的"处方",对其的理解需要追溯到其背后的"问题"和"诊断"。论文的选题不仅是源于对"创意型城市"理论的关注,更是源于对其背后追问的关注:城市财富的时空变迁原因是什么?

财富的时空变迁主要体现在两个维度:一是空间维度的不平等;二是时间维度的变迁。为什么有的城市繁荣昌盛,有的城市却破败贫穷?为什么曾经落后的小城市会逐步发展,而曾经繁荣的大城市会趋于萧条乃至破产?城市复兴、城市更新、城市永葆繁荣的根基何在?国家和地区间的贫富不一,特定区域贫富状况的历史变迁,甚至可以上溯到财富观念形成之前。在财富的问题上,地球从来不是平的。正如张雄教授所深刻指出的:财富的本质就是不平等。这种不平等,在人与人之间的微观层面上有之,在国家与国家之间的宏观层面上有之,在城市与城市之间的中观层面上也有之。

财富的时空变迁历来是关注的焦点,有关财富的原因以及财富变迁的文献可

谓汗牛充栋。从亚当·斯密（Adam Smith）的《国富论》（*An Inquiry into the Nature and Causes of the Wealth of Nations*，1776），到城市理论家简·雅各布斯（Jane Jacobs）的《城市与国家财富：经济生活的基本原则》（*Cites and the Wealth of Nations*，1984），到哈佛经济历史学家大卫·兰德斯（David Landes）的《国富国穷》（*The Wealth and Poverty of Nations*，1998），再到马里奥·波利斯（Mario Polèse）的《富城市，穷城市：城市繁荣与衰落的秘密》（*The Wealth & Poverty of Regions*，2009），财富问题的学术传统不可谓不悠久。

如今，城市成为最重要的财富单位。随着全球化的不断推进，当世界变成一个地球村时，人们研究财富问题的关注点逐渐聚焦在城市这一中观层面上。一方面，由于现代科技的飞速发展，尤其信息技术的突破进展，使得整个世界变成了一个地球村，人们之间的联系空前地紧密。运输成本、交通成本迅速降低，加之通信技术的革命导致了距离的消失（the death of distance）[①]，甚至彻底改变了我们的生活方式和经济运行模式。传统区域经济学和区位理论所关注的位置、距离等因素，在新经济的条件下，正变得越来越微不足道。另一方面，国家之间的经济藩篱正逐步淡化，城市之间的自然经济群落也逐渐凸显其重要性，城市财富的变迁越来越为人们所关注。纵向行政区划所定义的城市正趋于式微，而作为经济主体和单元的城市越来越凸显；政治的城市越来越为经济的城市所代替。

三、创意型城市：关乎经济繁荣与人性解放

创意型城市的理论和实践方案不断涌现，形成了众多的研究路径和理解思路。这诸多的工作既丰富了"创意型城市"的内涵，也造成了一定程度的混乱。要理解创意型城市的概念，我们需要回归到问题的源头，梳理清楚创意型城市的概念是在什么情况下，针对什么样的问题提出的。论文关心创意型城市理论所关心的问题，深信创意型城市理论所相信的创意的力量和城市的重要地位。有感于创意型城市内涵丰富却略带混乱的研究现状，一方面梳理创意型城市理论的众多研究路径；另一方面回归到问题的本源进行经济哲学的追问，希望能够得到清晰的创意型城市的理论框架和政策导向。

---

① Frances Cairncross. The death of distance：How the communications revolution is changing our lives [M]. Harvard Business Press，2001.

创新是民族进步的灵魂,是国家兴旺发达的不竭动力。随着全球化、市场化、城市化的不断推进,创新能力更是城市繁荣昌盛的重要保障,是知识经济时代城市竞争力的关键,决定着城市的命运。正是在这种认识的基础上,人们提出了创意型城市的概念。他们相信:每一个问题都是一个伪装的机会;每一项劣势都埋藏着一股潜在的力量;每一点滴的暗藏资源都可以造就实在的经济成就。而创意型城市刚好是能够将这所有的可能性转化为现实的无敌法宝。

笔者深信创意型城市的无限可能性:相信在创意型城市,经济生产力能够爆发原子裂变式增长;人类的存在能够逐渐回归自然和舒畅的状态。正是在这样一个信念的鼓励下,笔者才毅然选择了这样一个令人生畏的艰难题目。

第二节 创意型城市的主要研究路径

一、对创意型城市的认识

就可获得的文献来看,"创意型城市"(the creative city)概念最早出现于 20 世纪 80 年代,由墨尔本的一次研讨会最先提出。1988 年 9 月 5 日—7 日,由澳大利亚议会、维多利亚州规划与环境部、墨尔本市等联合举办了一个题为"创意型城市"的研讨会。与会者大多是艺术从业者,他们关注的焦点是艺术和文化问题怎样更好地融入城市的发展规划之中。研讨会的情况在 *Meanjin*[①] 上做了报道。其中,维多利亚州规划与环境部前部长大卫·彦肯(David Yencken)[②]在会上的主旨发言也刊登在这一期杂志上。他称,创意型城市应该保证市民的物质丰裕和精神满足,应该在效率和公平方面做得更好,应该激发市民的创意和创造力。他认为,从联系的、整体的和历史的眼光看,城市的复杂性和多样化必然能够引发这一系列的结果。这样一个生态学视角预示了"创意型城市"的关键内涵,以及它在开发城市潜力方面的无限可能性。

---

① Meanjin 是澳大利亚第二古老的文学杂志季刊,它在 1988 年的第 4 期上开辟了一个创意城市专版,报道了研讨会,并发表了部分成果。

② David Yencken. The Creative City[J]. Meanjin,Vol. 47,No. 4,Summer 1988:597-608.

1990 年,Comedia① 在一篇报告里第一次详细研究了"创意型城市"概念。这份报告名为《充分利用格拉斯哥的文化资产:创意型城市和它的文化经济》②,其背景是格拉斯哥文化年的举办。开始于 1985 年的"欧洲文化之都"冠名活动每年举办一次,在雅典、佛罗伦萨、阿姆斯特丹、西柏林和巴黎之后,格拉斯哥迎来了 1990 年的庆典活动。如何最大程度地利用文化事件的潜能和影响,以带动格拉斯哥的经济,完成城市更新运动,便成为这份研究的主题。报告指出,不能简单把艺术与文化看作可供消费的事件、秀或节庆活动,诸如设计、戏剧、电影、舞台艺术、音乐等,每一个文化部类都是一个产业。这些文化与艺术产业的关键就是创意和技艺,这二者的结合促成了"从创意到产品"的转化,并带来了价值增值。

目前,对创意和创意型城市还没有统一的解释,正如厉无畏所说,创意城市不是严格的学术概念,而是一种推动城市复兴和重生的模式。它强调消费引导经济,以科技创新和文化创意双轮驱动经济发展。在全球性竞争日趋激烈、资源环境的约束日渐增强的形势下,它使地方城市从主要依赖自然客体资源的发展转向着重开发人类主体资源,努力解放文化生产力,重塑城市形象,再获生机,实现持续发展的战略转型。③ 彼得·霍尔(Peter Hall)在其巨著《城市文明》(*Cities in Civilization*)中将创意型城市分为四种类型:技术创新型城市(Technological-Innovative cities)、文化智力型城市(Cultural-Intellectual Cities)、文化技术型城市(Cultural-Technological Cities)、技术组织型城市(Technological-Organisational Cities)。④ 兰德利认为创意的概念出现了混乱,需要重新定义。真正的创意涉及实验过程、原创性、打破规则、跳出传统与习惯、从一个新的视角思考问题、从基本原则(first principles)出发思考问题、设想问题的未来场景与方案、在多样性中发现相同的思路、灵活地横向看待问题等方面。上述的思考方式会催生创意与发展,并能在任何情况下挖掘潜力,最大化人类劳动的产出。另外,创意(creativity)还需要与技艺(skill)结合在一起才能够真正有所改变、有所帮助。技艺关乎理解性的知识和实

---

① Comedia 创立于 1978 年,由查尔斯·兰德利(Charles Landry)组织了一群关注城市生活、文化和创意的人,致力于创新和激发新的思维方式。在最早探索创意经济、文化资源、文化产业、创意城市等概念的队伍中,有他们的身影。

② Charles Landry. Glasgow:The Creative City and Its Cultural Economy[R]. Glasgow Development Agency,1990.

③ 厉无畏. 迈向创意城市[J]. 理论前沿,2009,(4).

④ Peter Hall. Cities in civilization[M], Pantheon Books,1998:3.

践性的知识,它能够把创意转化成产品和解决问题的方法,是让创意区别于空想和乌托邦的重要工具。在重新定义了"创意"之后,他指出,既然城市是社会、经济、政治的三位一体,那么"创意型城市"就应该把创意融入社会、经济、政治三个方面。

在创意对城市发展的作用方面,各研究者有着相对一致的看法。在经济全球化的框架下,城市作为越来越重要的竞争主体,体现着十分重要的作用。城市发展的严峻问题,经济繁荣和可持续的重大问题,以及市民生活水准的切实问题都在"创意型城市"中隐含有解决之道。学者和政府对创意型城市的呼吁和关切方兴未艾。

而对于创意型城市的构成要素、产生条件、政策要求等问题,现有研究有着十分丰富的理论。正如兰德利所说,随着"创意型城市"成为一个热门概念,越来越多的研究一方面丰富了创意型城市的内涵;一方面却造成了一定程度的混乱。其中,霍斯珀斯(Hospers)指出,集中性(concentration)、多样性(diversity)、非稳定状态(instability)和一个正面的形象(a positive image)是创意型城市真正需要的先决条件,有了这些元素,城市创意才能够不断地涌现;查尔斯·兰德利则认为,人员品质、意志与领导素质、人力的多样性与各种人才的发展机会、组织文化、地方认同、都市空间与设施、网络动力关系七大要素是构建创意型城市所不可或缺的;佛罗里达提出 3T 理论,他认为技术(technology)、人才(talent)和包容度(tolerance)是一个城市成其为创意型城市的必要条件;但 Glaeser 却坚持认为真正有效的因素是3S——"技能、阳光和城市蔓延"(skills,sun and sprawl)。

现有的成果从不同的角度和侧面给出了创意型城市的内涵和要件,概括起来就是:社会文化的多样性、多元性、复杂性和流变性,个人、企业以及因各种原因汇聚在一起的组织和团体能够在城市里获得很好的相互交流、融合;城市的经济能够供养这个庞大的人群,给予他们以满意的、合适的发展机会;城市的生存环境、文化氛围和精神气质能够吸引富有创意的阶层搬来居住,能够对市内的居民以不断的教化和熏陶。

二、城市文化经济学

以艾伦·斯科特(Allen Scott)为代表的城市文化经济学研究者们,对创意型城市有着独到的认识。他们从经济地理学的视角关注城市文化产业,探讨这些产业的空间集聚形式以及集聚点的特有属性,他们还从本土化和全球化两个角度关注现代社会中文化与经济的相互渗透。

经济与文化的相互渗透即表现为涉及图像、符号、信息生产的文化经济。这种文化经济有着独特的空间逻辑,它的区位集中的属性提高了竞争效率和创造潜力,这也正是创意型城市的特性首先彰显在文化产业的主要原因。斯科特在其专著《城市文化经济学》中,首先强调了文化产品部门的重要性。他认为,文化产品部门已经成为现代资本主义经济增长与城市发展的焦点,"资本主义自身进入一个特定阶段,在这个阶段,其产品的文化形式和意义正成为生产策略的,即使不是主导性的也是关键性的要素,而且整个人类文化领域日益屈从于商品化"[①]。这表现在生产和消费两个层面,现代的消费文化所追求的产品和服务以各种方式渗透着审美属性和符号属性;商品自身被赋予越来越多的象征价值的同时,文化生产也越来越趋向于商品化。随着这种双向运动的出现,文化经济便成为当代经济社会领域最活跃的前沿阵地之一,也成为当代城市竞争的主要焦点。在当下,创意型城市便在很大程度上涵盖了文化产业、文化产品部门、文化政策等方面的考量。

斯科特指出,日益差异化、碎片化的消费文化,要求生产方式日益远离通过产品的标准化生产与培育大众市场来获得规模经济优势的福特式,要求设计密集和信息密集的产品带有审美化、符号化的属性,要求企业既能挖掘本土的文化资源又能在全球市场销售产品,要求城市的劳动市场、城市语境和发展政策都能够与生产和消费的新趋势暗合。一系列的要求,在文化产业最先得到了满足和彰显,也首先在文化产业极大地满足了企业追逐收益的动机。消费和生产的双向要求又对生产关系产生一种约束:生产模式由企业内的扩张转向企业间的集聚,大量的中小企业和充满生机和流动性的劳动力市场;外部经济的自然激发(创造不是个体的孤独沉思而是更多刺激的产物,创新可能是相关参照群体规模的几何函数);政策任务的配合,如提供技术研究服务、劳动力培训、产业间网络的社会管理等都是文化经济得以发展和兴盛的必要条件。

斯科特认为,代表创意型城市发展最前沿的文化经济部门有着独特的活动倾向。在特定条件下,这些活动特别地倾向于形成地方密集的经济综合体,并作为繁荣城市和区域的基本经济支柱发挥作用。这种倾向是由于文化产品部门规模报酬递增效应所致,它能提升城市和区域的竞争性领先地位,强化城市区域的专业化模式。同时,它能产生三种主要的好处:减少企业之间的交易成本,提升产业体系内

---

① [美]艾伦·斯科特. 城市文化经济学[M]. 董树宝,等,译. 北京:中国人民大学出版社,2010:3.

资本流动和信息流溢的速度,增强以交易活动为基础的社会凝聚模式。此外,它在许多细微的方面巩固了产业综合体的机能(其中包括激发创意和创新)。随着时间的流逝,这一效应往往是自我增强的。从长期来看,它可以改变地方经济运行效率,并显著提升其竞争力。而"区域发展是——日益地——以社会上和政治上创造的,而不仅仅是自然给予的竞争优势为基础的",因此需要城市,而非企业,来打造创意经济的氛围和文化产业集聚的经济综合体。

三、创意产业理论

创意产业在不同国家有不同的叫法,文化产业(文化工业)、内容产业、版权产业等某种程度上都是创意产业的别名。许多不同的概念在内涵和外延上不尽相同,但实质内容都大抵相似。

德国法兰克福学派的霍克海默(Horkeimer)和阿多诺(Adorno)在《启蒙辩证法》一书中最早提出"文化工业"概念。他们以批判的态度称文化的产业化使得文化由高雅而堕落为媚俗,生产的标准化、齐一化、程式化扼杀了文化的价值和生命。随后经济学家罗默(Romer)提出了创意和创新的重要性,他指出新创意会衍生出无穷的新产品、新市场、新的创造财富的机会,创意是推动经济增长的原动力。随后,澳大利亚和英国率先提出"创意之国"的发展战略,积极推动创意产业的发展。他们把创意产业定义为"源自个人创意、技巧及才华,通过知识产权的开发和运用,具有创造财富和就业潜力的行业"。在这个定义之下,设计、工艺、艺术、广告、电影、音乐、出版、广播、建筑、软件等就构成了创意产业的庞大外延。之后,理查德·凯夫斯(Richard Caves)从另外的角度给出了定义:创意产业提供我们宽泛地与文化的、艺术的或仅仅是娱乐的价值相联系的产品和服务。它们包括书刊出版,视觉艺术(绘画与雕刻),表演艺术(戏剧、歌剧、音乐会、舞蹈),录音制品,电影电视,甚至时尚、玩具和游戏。然而定义的外延与英国创意产业特别工作小组给出的基本一致。被称为"创意产业之父"的英国经济学家约翰·霍金斯(John Howkins)从更加经济学的视角对创意产业进行了定义。他指出,在知识产权法保护范围之内的专利、版权、商标和设计四大部门内的产业才能够称其为创意产业,其外延包括广告、建筑、艺术、设计、工艺品、时尚、电影、音乐、表演艺术、出版、研发、软件、玩具、电视广播、电子游戏15类核心内容。霍金斯的定义在文化的基础上又纳入了高科技的成分和经济产权的考量。2004年上海举办"中国创意产业论坛",

随后创意产业逐渐为人们所了解。国家和各地政府也积极推动创意产业的发展,经济的考虑结合"文化大发展、大繁荣"的政策大大地促进了城市文化创意产业的发展。

以凯夫斯和霍金斯为代表,学者们对创意产业的研究思路和结论可以概括为以下几个方面。①创意产业和创意经济带来的是一个全新的经济生产模式,随着其扩大化和深入发展,我们的社会将受到深刻的影响。因而,理论的研究、现实的实践、政策的抉择都将面临巨大的挑战,而经济个体、社会群体要在这一项挑战面前克服危机,抓住机遇,则需要对创意经济原则的把握,需要学习和实践。② 在创意产业之中,参与生产的主导要素由资本、土地、技术等逐渐转移到人和人的创意(想象力、创造力)。在创意产业内,人的劳动不再如传统产业内可以轻易地被资本和机器所替代。③创意的利益分配方面面临着更多的挑战,一方面需要维护产权保护等古典经济理论所提供的解决之道的顺畅通达;另一方面还要营造生物学隐喻的混沌状态以促进交流与合作。

创意产业的集聚特点,创意产业对地点的选择,创意产业与创意阶层之间的关系等因素的研究为创意产业的发展和城市的文化政策提供了一系列的思考参照。

四、创意阶层理论

回顾近现代经济社会的发展变迁,劳动者队伍的构成也不断地发生着转变。19世纪的蓝领劳动大军投身轰轰烈烈的生产,20世纪美国的白领工人超过蓝领,如今理查德·佛罗里达(Richard Florida)又提出创意阶层的崛起。之前,丹尼尔·贝尔(Daniel Bell)曾提出过后工业社会的服务阶层,彼得·德鲁克(Peter Drucker)提出过知识工作者的兴起。深究他们所提的阶层关注的都是个人的"才能"和"创意"。

许多人说我们生活在"信息经济"和"知识经济"中,而佛罗里达指出,"从更深的层次上说,我们现在的经济是一个由人类创意提供动力的经济。创造力已经成为获得竞争优势的决定性来源,几乎在所有行业,包括汽车、时尚、食品、信息技术等,从长远看,竞争的获胜者都是能够提出创意并保持创意的企业"[①]。他认为,从农业革命到工业革命,人类社会的每一次前进和变革都是以人的创意和创造力为基石的,只是直到近几十年,人们才清楚地意识到这一点并系统化地按照这一原则去做。对创意的经济性需求催生了一个新的阶层——创意阶层。佛罗里达区分了

---

① [美]佛罗里达. 创意阶层的崛起[M]. 司徒爱勤,译. 北京:中信出版社,2010,(5).

"劳工阶层""服务阶层"和"创意阶层",认为他们的区别主要在于获得酬劳的方式不同,前两者主要通过执行规定来获得酬劳,而创意阶层主要通过创造来获得酬劳,并且比其他两个阶层拥有更大的自主性和灵活性。他称,创意阶层的核心成员包括科技、建筑和设计、教育、艺术、音乐以及娱乐等领域的工作者,他们的经济职能是创造新理念、新技术或新的创意内容。

佛罗里达认为创意阶层由两种类型的成员构成:一种是"超级创意核心"群体,包括科学家与工程师、大学教授、诗人与小说家、艺术家、演员、设计师与建筑师;另一种群体是现代社会的思想先锋,比如非小说作家、编辑、文化人士、智囊机构成员、分析家及其他"舆论制造者"。除了这类核心群体之外,创意阶层还包括"创新专家",他们广泛分布在知识密集型行业,如高科技行业、金融服务业、法律与卫生保健业及工商管理领域。他对创意阶层的界定"并非通过财产、资本和生产资料的所有权",但却是经济性的。他认为这一经济阶层的经济职能是通过创意来创造经济价值的。这决定并表明了该阶层成员对社会、文化及生活方式的选择,他们拥有非常相近的品位、愿望和偏好,是一个独特的社会群体。这样一个特定的、对经济发展举足轻重的社会群体对城市的生活和环境有着特殊的要求。他们反感机械式的严苛管理,厌倦单调乏味的、只为换取工资的工作,更喜欢"无领""无工作场"、弹性管理的办公方式;他们渴望体验式的生活,他们对休闲和娱乐有着较高的要求,对社区景观上的、人际的、市政的环境有着十分个性化的追求;他们追求疏离的人际关系,追求自由的生活方式,追求参与体验与创造的劳动模式。这一阶层对经济举足轻重,对生活、工作和休闲有着个性化的追求。于是,佛罗里达进而提出,城市和区域要在现代经济中获取一席之地,要在竞争中取胜必须要在创意阶层的争夺中占得先机。为了能够吸引这一有着特殊偏好的阶层,城市需要具备相当的宽容度。他在文章举了同性恋人数的指标,以衡量城市的宽容度。

最后,在对创意阶层研究的基础上,佛罗里达指出创意型城市的发展需要三个要素(3T):技术、人才、宽容度,并认为城市经济增长的关键在于"吸引创意人才"的能力。佛罗里达深刻地指出了人的创意对城市的重要性,也分析了城市对这一财富应该抱持的态度和吸引它们的方法。他鼓励城市积极地争夺这一稀缺的资源,并教给它们争夺的方法。他虽然在有些地方提及创意是每个人先天的潜力,却又把创意阶层定义得十分明确,仅限于"创意产业"的少数从业者。他的关注点主要是文化创意产业的领域,而其他产业所有人的创意潜能被弃之不顾。

第三节　基本思路和研究方法

一、基本思路

本书关心创意型城市理论所关心的问题，深信创意型城市理论所相信的创意的力量和城市的重要地位。有感于创意型城市内涵丰富却略带混乱的研究现状，一方面梳理创意城市理论的众多研究路径；一方面回归到问题的本源进行经济哲学的追问，希望能够得到清晰的创意型城市的理论框架和政策导向。

本书在城市规划理论、城市经济学、创新理论的基础上，首先探讨创意型城市的历史必然性（为何社会普遍呼吁创意型城市的建设）；然后探讨创意型城市作为催生创新的有机体的内涵；接着梳理全球创意型城市的经典案例从中窥得创意型城市激发创意的政策和元素；紧接着结合上一章的案例，从文化产业、创意阶层和大数据三个方面具体探讨创意型城市在新的挑战面前所应有的深刻反思和积极实践。

二、经济哲学的研究方法

传统经济学认为经济学的研究有其边界，当经济研究所追问的原因超出了经济学的范畴之外，经济学家就该止步，留待其他学科解决问题。本书所关注的创意和创新原本被认为是外生的，是经济学边界之外的范畴。而熊彼特经济学认为创新是内生于经济的，将其纳入考察范围之内。但他的关注焦点仅在于商业领域的创新，是创新的一部分，也是创新的最后一个阶段。

本书选定"创意型城市"这一关注点，内容自然地涉及城市经济学、城市规划理论、经济发展理论多个领域。在研究的方法上，除了兼收并蓄之外，笔者还采用哲学领域的现象学的方法，回归到问题的源头，摒除各学科的边界划分和既有成见，用经济哲学的方法，探寻问题背后的深层逻辑。

经济哲学的方法即是对经济问题进行反思的方法，它是思辨的经济学，是政治经济学,是经济伦理学,是经济学方法论。在"创意型城市"的关注点上,反思传统经济学对创新的分析,参照国内外学者对创意型城市的分析,运用哲学的理论和方法进行关照,以探寻创意型城市的内涵和构造要点。

本书还从哲学和经济学两条路径探寻创新的、创意的根源,分析创意型城市对经济繁荣和人性解放的不可或缺的地位和作用。创意型城市的这两方面是相辅相成的,它是一个演化的、有机的系统。对其研究就必然要跳出单一学科的界限,而循着创意型城市有机的运作程序做详尽的分析。

第二章
为何呼唤创意型城市

　　自城市脱胎于村庄开始,城市便于其本性之中蕴含着创意的因素和条件。城市吸引和容纳了大量的、异质的人,他们之间不断地进行经济的交流、文化的交往,这使得城市中的人们相互之间都成了一种外来的刺激和学习的源泉。这种城市天赋的创意禀性会成为城市发展的内在动力,它催生城市经济的扩张和文化的繁荣。纵览城市发展史,每一个时代的领跑城市、每一座城市的黄金时代无不由于其创意的张扬和充盈。然而城市的创意本性却有被遮蔽的可能性,或者讲,存在着外来力量的挑战。比如,中世纪的思想禁锢、现代资本的座架等,会使得城市的创意秉性有着不同程度的减弱。而能够在挑战面前合理应对的城市自然会趋于繁荣,否则就会陷入停滞和萧条。现代城市的创意本性受到遮蔽的后果是,不但生产力得不到有效的提升,人也于其中受到煎熬。而创意型城市一方面能够解放生产力;另一方面能够解放人,并使得人类的福祉因这两方面的解放而得到实质性的提升。

第一节　创意是城市被遮蔽的本性

　　"世界上最早的一批城市存在于美索不达米亚、尼罗河谷、印度河流域及黄河

流域。人类历史上诸多的组织因素促成了这些早期城市的突然形成,譬如贸易与
交易,宗教与政治等。"①尽管城市的出现是由于人类自发活动的偶然,而不是认识
到了城市的优越性才自觉地构建了城市。然而,如今回望,城市本身就是一大创
意,是人类的伟大杰作。它应该充盈着人类生生不息的创意精神和永不停歇的生
命冲动。城市的起源至今还不甚了然,它的发展史,相当大一部分还埋在地下,或
已经消磨得难以考证了。以我们所知有限的证据来看,城市脱胎于村庄②,它既具
有村庄的各种早已发展成熟的基本要素,又有着与村庄截然不同的新属性。"城市
突破了乡村文化那种极度俭省的自给自足方式和睡意蒙眬的自我陶醉……古代的
社区过于稳定,它墨守成规旧俗,不愿采纳新的生活方式;如果古代人类有意突破
这种保守社区的孤立和封闭状态,那么他对此问题能够找到的最好答案莫过于城
市这一发明了。"③这一发明的意义在于,城市像一个大熔炉一样,它吸纳了大量的
人口,提供了经济交流和文化融合的场所,并且能够铭记集体记忆,能够储存和流
转文化,能够激发创意,促进革新,推动进步。创意本就是城市本质中所潜藏的东
西,它蕴含在城市的三个功能之中:城市是人口集聚的场所,它容纳人;城市是经济
交流的场所,它养育人;城市是文化融合的场所,它教化人。

一、城市的人口集聚是创意的前提

城市是人口集聚的场所,它容纳人。任何对于城市的定义都要考量人口数量、
人口密度这些因素。当然,不同的国家在这点上有不同的标准。譬如,在美国,一
个具有 2 500 人以上的区域便可被称为城市;在丹麦,人口达到 250 人便可构成城
市;但在印度,人口必须要达到 5 000 人以上才能算是城市。④ 这些明确的标准可
能涉及各个国家的人口规模,并又关乎被认可为城市之后的政策待遇。不论标准
在什么水平上,一个区域总是人口越多,越密集,越能够称其为城市。单纯从这个
意义上说,城市就是人口在空间上的集聚。

---

① ［英］帕迪森 . 城市研究手册［M］. 郭爱军,等,译 . 上海:格致出版社,上海人民出版社,2009:17.
② 本论文所言及的乡村、农村、村庄皆指城市出现之前的乡村形式,意在与城市作对比。因为当代社
会已无法再做城市与乡村的二分,如今的乡村与城市有了密切联系(也有极少数例外),已经不同程度上有了
城市的特性。
③ ［美］芒福德 . 城市发展史——起源、演变和前景［M］. 北京:中国建筑工业出版社,2004:103.
④ ［英］帕迪森 . 城市研究手册［M］. 郭爱军,等,译 . 上海:格致出版社,上海人民出版社,2009:32.

　　然而,城市的人口集聚又远不是农耕文明的村庄所可比的。从规模上讲,这些远古的村庄大多是由一些家庭结成的小群体,包含几户到几十户人家不等。而现代的大城市,人口动辄千万。居民楼越盖越高,人们蜗居在拥挤的空间之内。据统计,2010年人口中国上海达1 660万人,美国纽约达1 940万人,印度新德里达2 220万人,日本东京达3 670万人。从构成上讲,除了年龄、性别,村庄的人口基本上没有差别,任何人都能从自己邻人的身上看到自己的形象。而现代的城市,居民成分极其复杂多样。国籍、人种、信仰、职业、审美、饮食各个方面的差异都是以往所不可想象的。

　　因此,城市人口的集聚包含两个层面:一方面,城市的硬件基础设施要能够容纳得下为数众多的人口;另一方面,城市的精神气度要能够包容得下各色各样的人。城市要具有大海一样的胸怀,它容纳着本土的和外来的人员。既容纳他们的衣食住行,也接纳他们的文化追求。从建有"万神殿"的古罗马到大唐的长安城,历史上具有世界影响的大城市无不具有这样的精神气度。有了城市的人口集聚,才会有城市的经济交流和文化融合,才会有相互学习、相互刺激,才会有创意的灵感和动力,才会有城市的创意和城市的繁荣、进步。

二、城市的经济交流催生创意

　　城市是经济交流的场所,它养育人。城市养育人的功能,价值并不在于它利用农村的剩余产品,而在于它能够创造新工作、新技术、新产品,从而能够从总体上提高社会(包括农村和城市)的生产力。一旦城市把数量庞大的各色人等聚集在一个特定的空间之中,他们之间的经济交换、技术交流,以及相互之间的视觉冲击、心理震撼、自觉学习就变得寻常起来。而这也正是城市的创意本质得以彰显的前提条件。这些城市人员之间的交流可以分为两个方面:一是经济方面的交换、交易;二是文化方面的交流、融合。这里我们首先分析前者,后者留待下一小节展开讨论。

　　城市规模一开始都还比较小,人口大体上来说主要生活在农村地区,并且几乎所有人都必须投身于农业耕种之中。事实上,直到1850年,城市居住人口的比重不过占到总人口的4%到7%之间。① 那个时候,城市基本上没有产出,供养能力十

---

　　① Lowry, Ira S. World urbanization in perspective[M]//Kingsley Davis and Mikhal S Bernstam (eds). Resources, environment, and population. New York: Oxford University Press. 1991:148-179.

分有限。城市里所进行的经济交流也不外乎渔樵互换,以山货换水产,以鸡蛋换盐巴。

然而,尽管如此,这些早期城市已经充当起经济扩展所不可或缺的角色。对于这一点,经典著作《美国大城市的死与生》的作者简·雅各布斯有过十分详尽而又有说服力的论述。她指出,城市对于生产扩展、经济发展和技术进步有着决定性的、不可替代的作用。她甚至断言,城市的发展先于农村,如果没有城市,畜牧、养殖和农耕文明都很难发展起来。只有城市才能打破乡村经济的封闭、墨守成规和一成不变,"堆积更多野果和种子、宰杀更多野牛和野鹅、做更多矛头、串更多项链、打更多錾刀、生更多火……日复一日地做更多旧工作,并不能让我们的远祖将经济扩展多少。要扩展经济,就必须创造新工作"①。城市正是这种新工作的创造场所。为了论证她的观点,雅各布斯研究了城市和农业生产率的关系,发现当今最彻底的农业国家,农业生产率也最低,而城市化最彻底的国家,生产的食物也最充足;通过历史学和考古学的证据,发现农业生产率的提高往往在城市发展之后。雅各布斯还研究了城市和乡村之间各种劳动、技术、产业的转移。发现城市并不是等到农产品出现剩余之后才发展起来的,而是相反,城市创意成果导致了农业技术的改造、农村产出水平的升级。"现代农业通过成百上千的技术革新和机会得以发展,而这些技术革新和机会都是从城市引进、转移或向其模仿的。我们习惯于将这些革新分为抽象的几大类:化肥、播种机、松土机、收割机、拖拉机和其他替代牲口和劳动力的技术;冷藏设备;管道、灌溉系统、水泵和其他现代化的灌溉设备;研究动植物疾病及其控制的实验室;土壤分析和天气预报系统;新型杂交植物;营销和运输系统;装罐、冷藏和风干技术;信息传递方法等等不胜枚举。"②

你可能会经常在农村看到化肥厂、拖拉机厂、农业研究站、苗圃和电力设备等。这些远离城市的活动并不是农村创造的,而是由城市转移来的,正像现代工厂从城市向农村转移一样。有考古的证据表明,甚至农作物新品种,庄稼轮作方法等都是从城市转移到农村的。"在尼罗河附近的古代城市里,驴子和普通的家猫都已经被驯化,它们是后来才进入农村的'城市动物'。"③这许多的发明和创新都是在城市里出现并转移到农村,原因并不是农民和其他农村人口不如城市居民有创造性,而

---

① [美]雅各布斯. 城市经济[M]. 项婷婷,译. 北京:中信出版社,2007:38.
② [美]雅各布斯. 城市经济[M]. 项婷婷,译. 北京:中信出版社,2007:6.
③ [美]雅各布斯. 城市经济[M]. 项婷婷,译. 北京:中信出版社,2007:13.

在于农村经济和城市经济有本质的不同。农村经济是静止的驴子推磨式的循环往复，是日复一日、年复一年的周而复始，是同质的、无差别的聚居，是懒洋洋的、睡意蒙眬的自我满足。而城市经济最大的特征就是流变，是异质的聚集和交流，是太阳下面每天都有新事物滚滚向前。

在贸易聚居的城市，商品由偶然而常态化，新的工作就诞生了。新工作的不断创造导致了经济的扩张，它逐渐细化和深化了分工。分工又扩大了交换的深度和广度，并催生了集市向现代市场的转变。及至工业革命爆发，工业化、城市化、现代化的进程相互强化，使得城市对创意和革新的激发能力也走上了突进式的飞跃过程。随着时代的演进，城市这一不断自我完备的精妙装置逐渐显露出其在经济方面无可限量的能力。

三、城市的文化融合传播创意

城市是文化融合的场所，它教化人。除经济方面的功能外，城市还提供了文化横向交流与融合的场所。不同的人员聚集在一起，才有了文化碰撞的机会。经过他人给予的冲击，人们才会反观自己、审视自己、认识自己。在这种交流与融合之中，人们逐步领悟到个人的存在，心中欲望觉醒，理性萌芽。同时，在历史的纵向尺度上，城市克服了人类寿命的局限，使得人类文明的成果可以在代际之间遗传。"可以说，城市从其起源时代开始便是一种特殊的构造，它专门用来储存并流传人类文明的成果。"[1]人类的各种文明成果经过历史的积淀都保留在城市之中，我们发明的城市又反过来教化了我们，"我们创造它，同时又被它创造。"[2]这种教化既有城市对一时一地的人们的熏陶和感染，也包括世界性的大城市对人类的持续教化。比如，古希腊的雅典、文艺复兴的佛罗伦萨、法国大革命的巴黎等所产生的影响都波及世界的各个角落并延续千年，泽被后世。

正是在这样一个逐步积累的过程中，人类的心智才逐渐发展，并成熟起来。首先，人类的欲望在城市里苏醒。乡村生活是恬静的，人们陶醉在睡意蒙眬的自我满足之中。比邻而居的人们并没有差别，也没有什么财富的概念，自家有的东西别家也有，别家有的东西自家也不缺。正像张雄教授指出的"财富的本质是不平等"，人

---

① ［美］芒福德. 城市发展史——起源、演变和前景［M］. 北京：中国建筑工业出版社，2004：33.

② 张雄. 习俗与市场［J］. 中国社会科学，1996（5）.

们正是在城市里才了解到财富的这种不平等的内涵,并被它激发了蓬勃不息的生命冲动。在奥古斯丁的时代,"对金钱和财富的贪婪是令人堕落的主要罪恶中的一种"。个人谨守《圣经》的教海,追求君主政治下的荣誉,甚至会心甘情愿地将生命奉献给君主国家。到霍布斯和马基雅维利的时代,城市人们的心智已经懵懵懂懂,开始逐渐听从作为真实自我的召唤。宗教的伦理道德也开始松动,宗教革命此起彼伏,新教的伦理开始逐渐容纳了人们自利的心理追求。及至经济学之父亚当·斯密将人的主观自利心推高到能够在客观上增进社会公共利益的高度①,个人追求财富的欲望就变得名正言顺、合理合法了。欲望的苏醒使人类从"神性"的社会过渡到"俗性"的社会,使经济和社会萌发了进步的蓬勃生命力。人们的脚步加快,眼睛变亮,心灵也变得不安分和急于行动了。其次,人类的理性在城市中觉醒。汤因比(Toynbee)曾在《历史研究》一书中指出,传统社会"习惯占着统治地位",而在起源于城市的文明社会中"那种习惯的堡垒是被切开了的"②。乡村社会是非理性的,习俗支配着生产生活中的一切。"习俗的非理性特征主要表现在:①它不是一种理性的随机选择,而是一种习惯心理在特定环境的刺激下所做出的行为复制;②它没有缜密的逻辑推理形式,仅仅靠一种稳定的心理定式和人类在长期实践活动中形成的习性及取向,来判断主体与对象存在的关系;③它不是通过随机合理计算来达到某种最大化目标,而往往是'不假思索'地遵循着某种传统的惯例。"③而城市社会是相对理性的,人们不再完全凭借着习惯来应对日常生活。他们在瞬息万变的城市生活面前学会了精算,学会了应对,学会了理性思考。

理性和欲望的觉醒只是城市教化功能的阶段性成果,城市的文化融合力量在现代也有着无限的可能性。美国学者亨廷顿(Huntington)在《文明的冲突》一书中说,"冷战"之后人们陷入了一个不同文明之间关系紧张、暗藏冲突的局势之中。他告诫人们,东方的伊斯兰文化和孔子文化会跟西方文化发生冲突,应该做好应付的准备。笔者对这种西方中心主义的观点却不以为然。且不说这种美国霸权文化的道德问题,其对冲突的预言也将会在城市文化融合的趋势下不攻自破。原因即在于当代城市文明中的流动性、流变性和融合趋势。如果各文化之间边界清晰,没有人员流动,也没有交流,那么,文明的冲突或许可能因扩张的力量而爆发。如今,人

---

① 在斯密之前,曼德维尔在其名著《蜜蜂的寓言》中已经论及私人的恶德可以带来公众的利益。亚当·斯密的"看不见的手"理论受其影响,但却是我们所熟知的。

② [英]汤因比. 历史研究(上)[M]. 上海:上海人民出版社,1966:60.

③ 张雄. 习俗与市场[J]. 中国社会科学,1996,(5).

们从世界各地汇聚到某一座城市,带着各自本土的文化痕迹,相互交往、学习。最终,只会慢慢消弭掉各自身上鲜明的文化特征,逐渐地有了这座城市的性格特点和精神气质。而每个加入城市的个人所带来的文化印记也会逐渐积淀到城市的记忆之中,并反过来继续影响各色各样的城市人口。

　　总之,城市容纳人、养育人、教化人的功能之中都蕴含有创意的要素和前提条件。城市也正是依赖这些条件催生创意,并反过来逐步增强其三项功能。城市之间的差别只在于这些要素和前提是否得到利用,以及在多大程度上发挥着催生创意的功能。

第二节　城市繁荣与创意正相关:城市发展史的证据

　　城市有着创意的先天禀赋,它带来了由乡村到城市的文明飞跃。然而,城市并不是千篇一律,也不是步履均匀的一路向前,它们各自有着不同的特点和命运。城市,自其最初起源开始,便经历着盛衰的变迁。城市的发展与演变,单个城市的兴盛与衰落等,有关城市的变化绝不啻于大自然的沧海桑田。早在古希腊,历史学家希罗多德(Herodotus)就已经关注到这种现象:"我会一面走,一面向你讲述小城市与大城市的故事。有多少曾经的大城市变成了如今的小城市;又有多少我们有生之年成长起来的大城市,在过去是那么的微不足道。"①当代城市的变化更要比希罗多德的时代来得迅猛。如今,既有快速崛起的大城市,也有宣告破产的"鬼城""死城",更有"汽车之城"底特律这样的城市,短短三百年便经历几度兴衰。而之所以"沉舟侧畔千帆过,病树前头万木春",之所以城市能够绵延不断,是由于城市是创意的孵化器,是文明的孕育所。城市的盛衰规律,根由都在于创意。不管是同时代城市的不同成就,还是同一城市跨时代的兴衰更替,无不在于创意的多寡。简言之,创意是因,繁荣是果;创意是枝,繁荣是叶。我们不妨沿着城市发展的历程,探究一下城市盛衰与创意的内在关联。

---

　　① [美]雅各布斯. 城市经济[M]. 项婷婷,译. 北京:中信出版社,2007:扉页。

一、大城市的崛起源于创意勃发

回溯到西方文明的源头，我们很容易就把目光锁定在公元前 500—前 400 年的雅典。那是一座灯塔，以至于那个时代的其他地方都湮没在这一闪亮下面的黑暗之中，不为人们所知。雅典的繁荣及其成就已无须赘言，因为，如今看来于文明有价值的许多东西都来自那里。比如，民主、哲学、系统记载的历史、诗歌和戏剧、艺术等，这些元素在之后的数个世纪里塑造了欧洲生活的核心。

为什么这样一个开拓性的成就出现在雅典，而不是其他地方？这绝不仅仅是历史的偶然，创意之花的竞相开放源于其适宜的土壤和已经埋下的种子。在这样一个时空坐标里，公元前 500—前 400 年的雅典刚好汇聚了一定的元素和力量，足以催生创意并导致其繁荣。在空间上，"它刚好是整个地中海贸易的中心，与东方的贸易使得雅典能接触更先进的东方文化，能接纳雅典和地中海东部精力充沛并天赋极好的人们，于是形成了民族和文化融合的大熔炉"①。在时间上，"历史转折期新旧秩序之间的张力导致了创意。这种张力体现在旧的神性的、宿命论的秩序为新的俗性的、命运自主的秩序所挑战，并被其战胜"②。这一特定时空的横向融合与纵向转变赋予了雅典以特殊的吸引力，众多的文化观光者、行吟诗人和游学人员纷纷来到雅典。诗人品达（Pindar）和西蒙尼戴斯（Simonides），历史学家希罗多德等都在其列。人们汇集到雅典，并积极地融合，他们不愿意待在私密的空间里，却更喜欢在公共场所逗留。这从他们的历史遗存物中可以找到证据：私人住所很小很简陋，人与家禽、猪等同居一室；而公共的建筑和广场如剧场、集市、帕特农神庙，以及其他供奉各种天神地祇的庙宇等则恢宏气派，鳞次栉比。如他们的着衣习惯一样，雅典人的思想也喜欢呈现在众目所及的地方。正是这样一种积极的、张扬的、热情的酒神精神构筑了雅典特有的气质，并使得雅典一度繁荣昌盛。

及至文艺复兴时期的佛罗伦萨，情形与雅典十分相似。那时候的人们经历了漫长的中世纪的洗礼，从心理上拒斥森严的宗教束缚，怀念雅典时期的古典繁荣。认为文艺复兴时期的繁荣是一种回归，是对古典文明的再发现，将中世纪称作黑暗

① Peter Hall. Cities in civilization[M], Pantheon Books,1998:67.
② Peter Hall. Cities in civilization[M], Pantheon Books,1998:68.

的中世纪,而将眼下的繁荣称为复兴。[①] 但是,文艺复兴时期的城市文明已经远不是雅典时期的模样,城市里的人们也接受了历史的洗礼和城市的教化。无论从量上,从规模上,还是从实质上,文艺复兴时期的城市和两千年前的古希腊城市相比已经有了巨大的进步。文艺复兴发端于新兴资产阶级中的先进知识分子对古希腊、古罗马艺术文化的研究,借助文艺创作宣传人文精神。它的成就虽以文化、文艺为标志,但是其影响绝不止于文艺,而是波及社会、经济、生活的各个方面。并且,以文艺复兴为发端,西方社会走进了近代思想解放运动的大潮。之后的宗教改革和启蒙运动也从某种程度上受到文艺复兴运动的牵引和助推。因此文艺复兴的繁荣及其影响之广之深,都无可估量。然而,还是那一个问题,为什么这一次时空坐标锁定在 1400—1500 年的佛罗伦萨?除了其发达的商业环境和较高的城市化水平外,仍然是人们的思想解放和心智发育在这里最完善、最领先。人们在小作坊里,在金匠铺的工作场里受到了训练,他们逐渐脱离了宗教的束缚,能够不受控制地自由发展,所有强烈的、独立的个性都迅速发育,他们对自己的才赋有明确的认识,对新事物有着强烈的好奇,急于去实验、去创造。[②] 这种摆脱缰索之后的意气风发和创意的激情,凝聚在城市的记忆和气质之中,并在人与城市的相互创造之中强化,繁荣便水到渠成了。马克斯·韦伯(Max Weber)在其名著《新教伦理与资本主义精神》中所论述的"来自整个团体的生活方式"的资本主义精神,在某种程度上正是佛罗伦萨城市所具有的集体的精神气质。

同样地,再把时空坐标移到 1760—1830 年的曼彻斯特,工业革命在这里酝酿、爆发并波及世界各地。成就已无须赘言,要问的仍旧是:为什么是这里?要很好地回答这个问题,我们需要把问题细化:为什么在英国,而法国、普鲁士、比利时等国家则落在了英国后面?为什么在曼彻斯特,而不在约克郡、诺丁汉郡和德比郡这些曼彻斯特的英国邻居那里,不在发明了蒸汽机的瓦特的家乡——格拉斯哥?首先,英国这个走在资本主义发展最前沿的国家是一个包容的国家。这一点从共产主义的伟大导师马克思的遭遇中可以窥得一斑。马克思生于德国普鲁士邦莱茵省,由于其先进言论引起了政府的严重不满,先后遭到普鲁士、法国、比利时政府当局的暴力对待和驱逐,最后辗转到英国,并在那里完成了其大部分的著作。英国是资本

---

① 将中世纪仅仅看作倒退和黑暗,只是一种感性的认识,许多大思想家已经认识到中世纪的重要性,认为现代文明正是在中世纪孕育的。参见张雄. 现代性逻辑预设何以生成[J]. 哲学研究,2006(1).

② Brucker G. Renaissance Florence [M]. Revised edition. Berkeley:University of California Press,1983:242-243.

主义发展最先进的地方,而恰恰是它容纳了对资本主义给予最严厉批判的、被各国驱逐的马克思。其次,英国的棉花产业是一个蓬勃发展的、充满创意的产业。单是授予专利数这一项公认的不完全指标就很能说明问题,1730—1849 年国家授予专利项目多达 12 388 项(见表 2.1)。

表 2.1 1730—1849 年英国棉花产业授予专利情况①

（单位：项）

年代	1730—1739	1740—1749	1750—1759	1760—1769	1770—1779	1780—1789
专利	56	82	92	205	294	477
年代	1790—1799	1800—1809	1810—1819	1820—1829	1830—1839	1840—1849
专利	647	924	1 124	1 453	2 453	4 581

工业革命最先发端于曼彻斯特,而不是英国的其他地方,也有其原因。18 世纪 80 年代,第一家棉纺织厂在曼彻斯特诞生,随后珍妮纺纱机、瓦特蒸汽机等专利和发明也陆续在这里投入棉纺产业中。而让其走在周围城市前列的是它相互学习和交流,并不断融合的文化氛围。这是一种看似混沌、实则有序的生生不息的文化熔炉。当时的曼彻斯特聚集了相当大量的中产阶级和劳动者,他们和知识分子、技术工人生活在一起。在轰轰烈烈的时代大潮的感召之下,积极地接受新事物,并与自己的生产劳动结合在一起。在这种精神动力和经济利益的带动下,技术的和组织的进步不断加入棉花产业,并带动了上下游的其他行业,最终导致了工业革命的爆发。

及至近代,"梦工厂"的诞生地和好莱坞的所在地——洛杉矶也算得上一座影响了世界的城市。如今,提起美国加利福尼亚州洛杉矶,提起那里的好莱坞,可谓是无人不知,无人不晓。在那里发端和崛起的电影产业,以及相关的娱乐业赚足了世界各地的钱。然而电影产业出现之前,洛杉矶还是一个规模很小的城市。这可能会给人一种错觉:是电影产业的兴盛和繁荣造就了洛杉矶。事实正好相反! 那时候的洛杉矶规模和人口密度都还比较小,城市里满是汽车,城市建筑也是比较新的。这样的城市面貌反映出洛杉矶的一个特征:它是年轻的新城,充满了梦幻和新奇,完全没有历史的印记。这是洛杉矶与上述提及的雅典、佛罗伦萨、曼彻斯特这三座城市最大的不同,然而这种新却有一个好处:旧社会的秩序和习俗对人们思想

---

① 数据来源:Deane P. The first industrial revolution[M]. Cambridge：Cambridge University Press, 1965:128.

的捆绑在这里一点也没有,年轻的城市,年轻的思想可以恣意驰骋。在1910年前后,电影产业在这里诞生。正像带动曼彻斯特起飞的蒸汽机并不是该座城市的发明一样,电影(motion pictures)也弄不清楚是哪里的发明。然而这不重要,重要的是,洛杉矶,或者讲洛杉矶的人们让电影成为了一个蓬勃的产业,并推动了更大的大众娱乐业的发展。

通过对上述四座城市——雅典(公元前500—前400年)、佛罗伦萨(1400—1500年)、曼彻斯特(1760—1830年)、洛杉矶(1910—1945年)的回溯,我们对繁荣与创意的关系有了一个宏观的印象。我们发现,决定繁荣的不是技术发明、资金,也不是个人,因为这些都可以快速地流动。决定繁荣的是创意,一个小区域内万事俱备之后,以集体精神气质而存在的创意会点燃导火线,带来波及全球的爆发式增长和繁荣。

二、城市的兴衰有其创意根源

上一小节我们跨越数千年回溯了几座曾经影响世界的城市。曾经的地方还在,有些保存完好的建筑还在,往日城市的影响力也在,只是如今拥有相同名字的城市已经不是往日的那一座了。从绝对上来说,它们一直在进步,如今的城市要远好于往日;而从相对上来说,如今的城市没有了往日的世界地位和煊赫一时的影响力了,也没有往日蓬勃的创造力了。雅典经过希波战争和伯罗奔尼撒战争之后,从中世纪开始衰落,拜占庭帝国统治期间又得到复苏。在圣战期间,由于和意大利的贸易往来而兴旺繁荣。在奥斯曼帝国统治期间,雅典再次衰落。19世纪,雅典成为独立希腊的首都,并一度繁荣,近年又陷入债务危机。佛罗伦萨、曼彻斯特也都失去了当日的世界地位。世界其他城市也一样经历着由盛而衰的变化,有的会再度复苏,有的就一直默默无闻了。正如彼得·霍尔爵士在其名著《城市文明》(*Cities in Civilization*)中所指出的,"创意之火在城市(而不是乡村)迸发,使得城市创意、革新和进步一时间竞相勃发,造就了一个黄金时代。而正如其突然崛起一样,这朵精神之花又会在一二十年之内迅速凋落"[1]。

而在众多的城市当中,盛衰变化最明显的要数年轻的底特律(Detroit)了。底特律是美国密歇根州最大的城市,位于美国中西部,加拿大温莎以北,是底特律河

---

① Peter Hall. Cities in civilization[M]. Pantheon Books,1998:3.

沿岸的一座重要的港口城市,世界传统汽车中心和音乐之都。[①] 1701 年,底特律由法国毛皮商建立,属法国控制,作为皮毛交易中心,并为来往于五大湖区的法国舰队提供保护。后来英国军队控制了底特律,后又在美国独立战争中丧失了控制权。

底特律的经济兴盛于 20 世纪初的汽车工业时代,在六七十年代经历了痛苦的衰退,2000 年前后逐步复苏,2013 年却又宣告破产,成为美国历史上规模最大的破产城市。短短三百年便经历数度兴衰更替,正适合作为我们的一个典型案例,来研究其兴衰更替背后的原因。19 世纪 20 年代,底特律还处于起步阶段。城市也还刚刚是个雏形,磨坊、船坞、酒馆及各种小作坊罗布在近水的平原上,为当地的人们提供马鞍、肥皂、货车、蜡烛等一些日常的生活用品。一般的聚居地(城市的原型)都会为其当地的居民和周围郊区的人们提供这些类似的东西。底特律也没有什么与其他地方不一样的特点,或者说其特点还不明显。在其众多的产业中,最主要的要数面粉加工。它除了供应当地的人们消费之外,还有出口,这算得上是当时底特律的主要经济来源。面粉磨坊的附近有些修理磨坊机器的棚子,湖岸上有造船厂,建造渡河用的客船和运送面粉的货船。后来造船厂扩大了生意,也许是因为偶然的机会,它找到了新的顾客,为其他地方口岸的人们提供汽船。底特律是世界上最早的制造汽船的船厂所在地,汽船的发动机据说就是来自面粉磨坊的机械工的发明。随着船厂规模的扩大,它养活了更多的发动机和零件的制造商。造船逐渐成为主导产业,到 19 世纪 60 年代,航海发动机成为了底特律最主要的出口品,甚至销往欧洲和其他地方。其间,各种零配件的需求也带动了采矿业,其中铜一度成为城市的出口产品。大约 1880 年,本地矿石被开采殆尽,许多冶炼厂关闭停业,同时成长的还有涂料、油漆、润滑系统等产业。

也大约是 1880 年,亨利·福特(Henry Ford)来到了底特律,并在较小的船坞公司里担任过机械师。当通用汽车公司的老板比利·杜兰特(Billy Durant)开始在附近制造马拉木制车厢的时候,福特则进入了发动机的业务领域。汽车,这一创意并不是全新的发明。它是将现有的两样东西结合在一起:车厢和发动机。正如熊彼特说的:"从技术上以及从经济上考虑,生产并没有在物质的意义上'创造出'什么东西……但它总是这样一个问题:改变我们的需要得以满足的现存状态,改变事物和力量的相互关系,把某种东西组合起来和把其他一些东西拆散开来。"[②]而

① 参见维基百科的介绍 http://zh. wikipedia. org/wiki/%E5%BA%95%E7%89%B9%E5%BE%8B.
② [美]约瑟夫·熊彼特. 经济发展理论[M]. 何畏,等,译. 北京:商务印书馆,1991:17.

这种新组合是需要元素的,需要相关的要素近在咫尺、触手可及。这正是底特律兴盛之路上一直存在的,是创意得以生生不息的土壤和源泉。一方面,创意得以落到实体,成为产品,成为可以支撑起整个城市的产业,需要这种杂居和聚集;另一方面,其中人们的创意精神需要这种杂居和聚集的滋养,需要这种混沌和有序之间的某种张力和均衡。底特律的由盛而衰也正是因为少了这种张力和均衡。随着美国三大汽车公司——通用、福特和克莱斯勒在底特律建立了大本营,底特律也成为美国汽车产业发展高峰的标志,并获得了"世界汽车之都"的称号。之后 20 世纪 30年代"激进劳工运动",战后"白人逃离"底特律中心城区,70 年代的"石油危机",这一连串的打击和外部挑战使得汽车工业衰退,有些生产基地也选择迁移。底特律逐步地走上了衰退的道路。1950—2008 年,底特律的人口下降了 100 万以上,占其人口总量的 58%,如今 1/3 的市民处于贫困状态,2009 年失业率高达 25%,自杀率、犯罪率都远高于全美平均水平。①

乍一看,仿佛是外来的挑战和冲击导致了衰退。然而细究之下,我们发现外来的冲击最多只是汽车产业停滞的根源,而不对城市衰退负主要责任。正如上文提到了 1880 年矿石采尽,对冶炼业的冲击并没有造成底特律的衰退一样。因为那时候,城市里还有许多其他行业,这些行业还在持续的发展,并不断地带来新兴产业。而鼎盛时期的底特律,福特的流水线生产,泰勒主义的无弹性管理方式,在最大限度地提高了效率的同时,也隐藏了危机。正如雅各布斯所指出的:"所有的一切——所有其他的开发工作,所有其他的城市发展进程,新兴产业富有成效、充满创造性的无效率,有能力的工人单干的机会,对资本缺乏效率但极有创造性的使用——都可能成为某个急速发展的产业的牺牲品,在公司镇中消失。"底特律城在汽车业如日中天的时候缺乏忧患意识,高效的产业把看似无效率的混沌空间完全挤出,同时也挤出了创意的温床,最终导致了衰退的结果。

所以,底特律兴盛于 20 世纪初,之前的城市虽小,虽平凡,但城市的土壤里却已经埋下了创意的种子。而底特律的黄金年代虽然繁荣,但其繁荣背后已经隐藏着危机。繁荣好比枝叶,而创意是根。19 世纪二三十年代,经济的繁荣虽不见踪迹,但底特律城规模小却如刚刚破土的春笋,成长的力量汩汩如泉;而到了汽车产业鼎盛之时,城市虽枝繁叶茂,但根部水肥失调,枯萎和死亡也就迫在眉睫了。

---

① [美]格莱泽. 城市的胜利[M]. 刘润泉,译. 上海:上海社会科学院出版社,2012:38.

第三节 创意型城市关乎人类福祉:现时代的呼声

上一节的焦点是繁荣,正如主流经济学的关注点是繁荣一样,他们致力于提供制造繁荣并使之持续的方法。经济发展的大潮滚滚向前,技术进步、产业升级以及生产和管理各方面的改进都不断地提升经济生产的能力。而这一进步过程一直是由"资本逻辑"所推动的"经济空间"的生产和扩张。这样的过程和机制催生了一个又一个繁荣的城市,但它也同样充满张力,并暗藏危机。好比吹气球,资本的力量不断地追求和创造着新的空间。其张力体现在社会的各个方面:从市场失灵、恶性竞争到政府失灵,从食品安全到环境危机,以及人的异化形式的不断升级。人在其中承受着越来越大的压力,社会在进步中付出了越来越多的代价。繁荣是好的,然而并不是问题的全部,人才是最终的目的。人类福祉系于两个方面:一方面是经济的繁荣,是"生产—分配—交换—消费"全过程的蓬勃和有序;另一方面是人在其中的存在状态,对人的衡量包括阿玛蒂亚·森(Amartya Sen)关注的"生活水准",也包括马克思所批判的"异化"程度等等。创意型城市的打造期望能创造出一种新的经济扩展的形式,希望创意的蓬勃发展能打造新的经济空间,吸引资本的进入。犹如百川灌河,先有低地,后成河流。人的压力、社会的张力便有望和缓,人类福祉便由此增进。

一、生产力的再解放:从工具理性到创意思维

当代城市的经济生产正面临瓶颈,生产力的突破和升级需要创意型城市的发展。传统的生产要素和禀赋、传统的生产组织方式,以及传统的产业结构都表现出衰颓之象,它们既无法成为企业竞争的筹码,也难以满足城市在经济世界的竞争需要。

从空间上讲,交通技术的进步使得古典区位理论所关注的运输成本不再重要;

通信技术的进步使得距离消亡(die of distance)①;各地区的先天禀赋,诸如原料、市场、交通枢纽等也不再起决定作用。于是城市作为一个地点,优于其他城市或有别于其他城市的便只是人——什么人生活在这里? 过去的人们积淀下了什么样的文化,影响着现在的人们以什么样的节奏和精神面貌生活着,以及吸引着什么人搬来居住并在未来造就怎样的繁荣和不断上升的精神气质。简言之,城市的起步可能源于偶然的先天禀赋,而城市的发展和繁荣却仅仅取决于善于抓住机遇的人们。从组织上讲,"福特主义"的生产方式和"泰勒主义"的管理模式对生产效率的提高已经逐渐达致极限。标准化地组织生产的方式,目的在于控制,希望现代企业制度下,流水线、绩效工资等发明能够最大限度地提高人们的劳动积极性,最大限度地消除人们偷懒的"道德风险"②。这种理性主义的发育和完善使得生产较之以前有了质的飞跃,犹如从冷兵器时代进入了火器时代。而创意的生生不息和恣意生长所带来的将是原子级别的爆发式增长。虽然目前生产的组织还主要是福特主义的和泰勒主义的,但是已有先知般的哲学家对其进行了批判,并为越来越多的人所认可,创意型的城市生产组织方式终会在不远的将来成为现实。从产业上讲,传统的制造业已经成为夕阳产业,而新兴的服务经济、体验经济、知识经济都是以创意为主要生产力的。当然,如今的城市仍然在消费衣食住行各方面的物质产品,然而,桌子、椅子已经不再是木头拼起来那么简单,人们对商品的消费越来越追求其实用价值之外所附带的"审美属性"和"符号属性"③。因此,企业提高生产力和竞争力的目标(也就是企业存活的目标),不再允许企业选定一种产品并一成不变地永远生产下去。如今的产品,尤其占市场份额较大的电子产品、汽车、服装等都是迅速更新换代的,比如:iPhone3,iPhone4,iPhone5;小米 1,小米 1S,小米 2,小米 2S,小米 3;等等。新产品出来不久之后就停产了,甚至有些产品本来就是限量版的。如今的经济也制造商品,但是已经远不是之前的制造业了。一座城市要想在当今经济世界占有一席之地,原料、市场、劳动力都已经不足以称为竞争力了。这些禀赋和要素已经为全世界共享,城市独有的只是其文化底蕴,以及以群体形式所展现出来的精神气质。

上述各方面的现实情况已经表明,无论是先天禀赋还是对其最大化的开发利

---

① Frances Cairncross. The death of distance [M]. Boston: Harvard Business School Press, 1997.

② [美]范里安. 微观经济学:现代观点[M]. 第 6 版. 费方域,等,译. 上海:上海人民出版社,2006:548.

③ [美]艾伦·斯科特. 城市文化经济学[M]. 董树宝,等,译. 北京:中国人民大学出版社,2010:3.

用,都是有限的。而在近几百年的现代社会,这些资源对生产的贡献已经趋于极限。现代经济要想持续发展,而不是走上萧条的下坡路或者跌进停滞的深渊,就需要继续解放生产力,需要追求质的转变,正如其最初从前现代社会转变到现代社会的轨道上一样。马克思对上一次转变曾有断言:"生产的不断变革,一切社会关系不停的动荡,永远的不安定和变动,这就是资产阶级时代不同于过去一切时代的地方。一切固定的古老的关系以及与之相适应的素被遵从的观念和见解都被消除了,一切新形成的关系等不到固定下来就陈旧了。一切坚固的东西都烟消云散了,一切神圣的东西都被亵渎了。"①现代社会一如马克思所预言的发展了,然而如今现代社会里生长的东西又趋于坚固了。

其中最核心的,是法兰克福学派所着力批判的"工具理性"。原本奠定了现代社会辉煌基础的启蒙精神、科学技术和理性在其发展过程中逐渐膨胀,以至于成了支配人、控制人的工具。追求效率和实施技术的控制理论在最初贡献了极大的力量,一如福特的流水线等发明让人顶礼膜拜一样。而恰恰在其辉煌和人们对这种辉煌的赞叹之下,工具理性逐渐由解放的工具退化为奴役人的力量。最初马克斯·韦伯提出工具理性的概念是对立于那种遵从传统主义习惯的行动,指对明确目标和达致目标最有效途径有着精细计算的行动。它有着极其严格的精确性和可计算性,是涉及许多专门概念、专业知识、固定规则和程序的"目的—手段"行动方式。因此,在那样一个语境下,工具理性还是进步的和先进的。然而当人们忘记了"工具理性"是服务于"价值理性(目的理性)"的时候,"工具理性"就成了反动的,成了被批判和反思的对象。对"工具理性"的批判可能更多的是从其对人性的压抑方面展开的。然而,在对生产力的贡献方面,工具理性也是极其有限的。工具理性的核心是控制,追求的是效率。然而背后的精细逻辑适用的范围十分有限,如今经济社会的全球化、复杂性、流变性已经超出了其掌控能力范围。正如凯文·凯利(Kevin Kelly)所指出的"钟表般的精确逻辑——也即机械的逻辑——只能用来建造简单的装置。真正复杂的系统,比如细胞、草原、经济体或者大脑(不管是自然的还是人工的)都需要一种地道的非技术的逻辑"。于是,他断言"控制的最终结局是失控,机械须要变得更具生物特性"②。要想避免失控的危机就要舍弃控制,要想最高的效率就需要丢掉紧紧盯住效率的思维,这正是一个有意思的二律背反,是创意彰显

---

① 马克思,恩格斯. 马克思恩格斯选集[M]. 第1卷. 北京:人民出版社,1972:4,254.
② [美]凯文·凯利. 失控[M]. 东西文库,译. 北京:新星出版社,2012:697.

其无限可能性的逻辑起点。

创意思维追求的正是自发的、生物群落式的生成与演进,是"一生二,二生三,三生万物"①式的创新和进化过程。众所周知,许多公司都有研发(R&D)部门,iPhone5当然也是出自苹果公司的研发部门。然而,出自研发部门的创新是有限的、收益和影响也是可预期的,这并不构成熊彼特意义上的"创造性破坏"的内容。另外一种创新是随机的和偶发的,比如小学生都耳熟能详的瓦特发明蒸汽机的故事,而恰恰是这种创新会带来划时代的改变。这种成果对许多企业来说是外生变量,是给定的因,无法找到内在的因素来左右它的出现。而对城市来讲,却可以是内生的。虽然这样一种内生的关系不如工具理性主义所一贯主张的那般精确地可计算和可控制,但仍旧是可预期的。正如我们养花,水肥充足自然会争相怒放,至于花开哪枝,那就不可知,也无关紧要了。至于创意思维对经济生产力的解放和提升效果,我们可以参看上文"大城市的崛起源于创意勃发"一节。所不同的只是,历史上伟大城市崛起时的创意是自发的、非常态化的;而我们所追求的和期望创意型城市所着力营造的,是一种常态化的、全民性的创意型城市氛围和集体的、相互激发的、蓬勃的、充满创意的精神气质。在这里,人们的思想得到解放,能动性无限增强,城市的生产力也就具有了无限可能性和可持续性。

二、人类存在的回归:从异化劳动到创意劳动

上面一节,我们从宏观上探讨了创意对生产力的解放,阐述了相对于工具理性而言,创意思维对经济的无限可能性。这一节,我们转向微观的、个体的角度,讨论创意对个体的解放。之所以用到"解放"这样一个语气强烈的词汇,是因为我们的生活现状。如今,我们在生活中遭受着两方面的压抑和痛苦:一方面,我们消费的产品成了我们不得不吃的毒药;另一方面,我们的劳动成了我们无法摆脱的锁链。在琳琅满目的商品面前,我们却失去了最根本的选择权利;在各行各业的工作岗位面前,我们也失去了自我抉择的意识。

在经济学的起点上,亚当·斯密论及分工和交换的时候,他说"我们每天所需

---

① 语出老子的《道德经》第四十二章。

的饭食,不是出自屠户、酿酒师或面包师的恩惠,而是出于他们的自利之心"①。斯密提及"自利之心"的时候,说的还是一种"开明的自利"(洛克语)。与其说他关注的是分工,还不如说他关注的是合作。在他那里,面包师和酿酒师之间还只有分工不同,并没有彼此对立起来。人们之间还普遍有着斯密在其另一部著作《道德情操论》中所论述的"同情"心和同理心。市场萌芽之初,我们消费的面包、酒、肉的生产场所和生产者还近在咫尺,触手可及;而随着市场化程度的加深,全球化的大市场已经将这种联系抽象化了,原本实实在在的合作与交换关系不再为人们轻易感知。如今的情形,任何一个对生活稍有体验的人都能够认识到。三聚氰胺、苏丹红、毒大米、转基因、地沟油等数不胜数。连菜农的地里都有了区别对待的两块庄稼,一块自己吃,一块拿来卖。这已经不是简单的个人诚信问题或素质问题。这种区别心在越来越多的人心中萌发,由一而百,由百而千而万,如癌细胞一样迅速蔓延,正渐渐成为一种世界观。

这一结果在很大程度上受到近代西方经济学的影响。他们从斯密那里摘取了"自利之心",又发明了"边际主义"方法,采纳了"功利主义"的伦理观。这样逐渐成形的近代西方主流经济学,借由资本主义市场经济的辉煌成就,日益将其经济学分析态度深入普通人的心里,打造了"世俗主义""经济个人主义""价值通约主义"②的意识形态。在经济生活中,在"理性经济人"的盘算之中,除"自我"之外,其他一切与自己有经济交往的人都成了"他者"。经济学之父提及的自利之心,经后续经济学家的推崇而成为我的冠冕理由。我只盯住他们的钱包,只要他们掏钱,其他一切都不重要。于是,交换价值和工具理性盛行,造就了眼下各种各样、越来越多的市场乱象。在这样的环境之中,每个人都深受经济社会的挤压。而在这强大的、异己力量之中,也有我自己的一份。这种异己的力量,除了有来自消费品的之外,还有来自劳动过程的。

西方经济学的经典教材也显示,劳动是痛苦的,它给人的唯一回报就是工资。劳动本身带给人们的是负效用,而闲暇(不劳动)是具有正的效用的。③ 个人在做经济决策时,其实是在工资和闲暇二者之间进行抉择,选择一个最优组合。对此,马克思有更深刻的论述:"劳动对工人来说是外在的东西,也就是说,是不属于他的

---

① [英]亚当·斯密. 国民财富的性质与原理(卷一)[M]. 赵东旭,等,译. 北京:中国社会科学出版社,2007:37.

② 张雄. 现代性逻辑预设何以生成[J]. 哲学研究,2006,(1).

③ [美]保罗·萨缪尔森,等. 经济学[M]. 第18版. 萧琛,主译. 北京:人民邮电出版社,2008:215.

本质;因此,他在自己的劳动中不是肯定自己,而是否定自己,不是感到幸福,而是感到不幸,不是自由地发挥自己的体力和智力,而是使自己的肉体受折磨、精神遭摧残。因此,工人只有在劳动之外才感到自在,而在劳动中则感到不自在,他在不劳动时觉得舒畅,而在劳动时就觉得不舒畅。因此,他的劳动不是自愿的劳动,而是被迫的强制劳动。因此,这种劳动不是满足一种需要,而只是满足劳动以外的那些需要的一种手段。劳动的异己性完全表现在:只要肉体的强制或其他强制一停止,人们会像逃避瘟疫那样逃避劳动。最后,对工人来说,劳动的外在性表现在:这种劳动不是他自己的,而是别人的;劳动不属于他;他在劳动中也不属于他自己,而是属于别人。"①马克思在后续的文章里继续追问:既然我自己的活动不属于我,必然"属于另一个有别于我的存在物"②,而"劳动和劳动产品所归属的那个异己的存在物,劳动为之服务和劳动产品供其享受的那个存在物,只能是人自身"③。他进而得出结论,这种异己的存在物是"对劳动生疏的、站在劳动之外的人",是"资本家——或者不管人们给劳动的主人起个什么别的名字"④。并抽引出关涉私有财产的有产者和无产者的对立。如今,这种对立更趋扩大化,连所谓的有产者的劳动(或者称为精细的计算也可)也趋于成为他自己的对立面,使他"不舒畅"了。可以说,这种异化已经趋于全社会化了,已经不仅仅是谁剥削谁的问题,而是一种秩序的失范,是每个人经由与他人的关系而最终又回到自身的对立。这样一种渐趋失范的现状已经超越了市场所能够自我恢复的范围,需要外力的干预。而这种干预又不能一蹴而就,需要一种"东风压倒西风"式的渐进的和反复的过程,需要一种埋下种子并细心呵护的过程,需要等待其发芽的耐心。

而我们理想的模式便是创意劳动的星星之火。这种劳动是不属于他人的劳动,是马克思所谓"在劳动之外"的劳动,是自由和闲暇时间里的创造性活动。这种活动之所以能够称为劳动,是因为它是可以有成果的。虽然这种活动并不是以成果为目的,是起源于闲暇时间的自由活动,追求一种愉悦和舒畅,产品和经济成果只是其副产品或意外收获。当然,这种成果的获得是没有保证的,恰恰因为其没有保证,它才不属于别人,而属于自己。然而当这种创造性的努力一旦取得成果,那

---

① 马克思.1844 年经济学哲学手稿[M].第 3 版.中共中央马克思恩格斯列宁斯大林著作编译局,编译.北京:人民出版社,2000:54-55.

② 马克思.1844 年经济学哲学手稿[M].第 3 版.2000:59.

③ 马克思.1844 年经济学哲学手稿[M].第 3 版.2000:60.

④ 马克思.1844 年经济学哲学手稿[M].第 3 版.2000:61.

么其在通常意义上的"劳动之内"所需要花费的时间就趋于减少,其"劳动供给曲线"便提前向后弯曲。这是于现状之中的个体而言的。就其与社会、与其他个体的关系而言,其创新开拓了新的经济空间,成为一种和缓各种张力的有益力量。这样的星星之火需要周围环境的呵护,需要其生存和劳动的场所、关系趋于弹性化,人性化,管理趋于松散化。能够提供这些的,或者致力于提供这些的便是创意型城市,其在未来的经济道路上也必然是繁荣的和蓬勃的。

第三章
创意型城市是孕育创新的有机体

　　城市作为容纳人、养育人、教化人的社会场所,包含有地理的、经济的、文化的等多方面的属性和功能。而创意型城市能够使得人天赋的、潜在的创意能力恣意地,无遮蔽地生长,其所形成的"场"能够让人们从经济交往、文化交流中不断地激发灵感,能够让人们不断地创造和被创造。这样的创意型城市,要求源于文化并最终积淀到文化中的创意汩汩如泉地生长;要求经济的创新既要有划时代的激进式创新,又要有连绵不断的渐进式的创新。这样的创意型城市必须是一个有机的、生物群落式的、进化的生命系统。在这里,人贡献自己的创意力量,创造城市的进步,并在城市的进步中受到教化,以激发更大的创意潜力;文化的创意在科技的支持下迅速地转化为经济的创新,并成为产品,成为服务,成为让人们得到实在好处的新物件,而科技的进步和经济的繁荣又同时改造着城市的面貌,不断积淀文化创意的底蕴。这样的创意型城市才真正彰显了其本质中所天赋的创意秉性,使得创意在文化、技术、经济各个环节中都潜滋暗长,使得所有人都能自主参与到创意活动之中,并获得经济的繁荣和人性的张扬解放,这便是孕育创新的有机体,是人类存在的理想国。

第一节　创新、创意与创意型城市

一、创新的内涵

创新(innovation)是指发明新的方法，开辟新的道路、新的领地。[①] 创新是人类的创造性活动，"是一个民族进步的灵魂，是国家兴旺发达的不竭动力"。它可言指技术创新、知识创新、制度创新、科技创新、体制创新、理论创新等。

近代西方经济学在大多数情况下把创新(技术的、制度的等)视作外生变量，正如罗森伯格(Rosenberg)所描绘的，他们不愿往"黑盒子里面"看，而只想把那种任务留给工程技术人员和历史学家，以便能把精力集中在"条件不变"的模式上。[②] 他们认为，"创新是经济系统以外的因素，对经济产生重大影响却又不属于经济的一部分"[③]。反而是古典经济学家，如斯密和马克思，更愿意往黑盒子里面看。他们认为，"哲学家"或"思想家"的任务是"观察一切"。马克思领先于其他任何一位经济学家把技术创新看作经济发展与竞争的推动力——"资产阶级除非使生产工具……不断地革命化，否则就不能生存下去。"到了 20 世纪上半叶，著名经济学家中差不多只有熊彼特一个人还在继承和发扬这一古典传统。[④] 他认为，创新就是建立一种新的生产函数，把一种从未有过的关于生产要素与生产条件的"新组合"引入生产体系。他将创新的内容概括为五个方面：①生产新的产品；②引入新的生产方法、新的工艺流程；③开辟新的市场；④开拓原材料的新供应源；⑤采用新的组织、管理方式。[⑤] 上述的任何一种创新都会给个体厂商(或称企业)带来丰厚的利润和超额的剩余价值。

---

① 吴光华. 汉英综合大辞典[M]. 大连：大连理工出版社，2004：686.

② [美]约翰·伊特韦尔. 新帕尔格雷夫经济学大辞典[M]. 第 2 卷：E-J. 北京：经济科学出版社，1996：925.

③ 代明，等. 创新理论 1912—2012[J]. 经济学动态，2012，(4).

④ [美]约翰·伊特韦尔. 新帕尔格雷夫经济学大辞典[M]. 第 2 卷：E-J. 北京：经济科学出版社，1996：925.

⑤ [美]熊彼特. 经济发展理论[M]. 何畏，等，译. 北京：商务印书馆，1990：73-74.

创新具有实践性、超越性、不确定性、稀缺性四个基本特征。[①] ①实践性。创新是实践这一人类存在方式的内在品质,而实践在本质上是创造性的和发明性的,实践不但为人类的创新行为提供了持久不懈的动力,而且历史性地塑造着人类创新的能力。人通过创造性确定自己的存在方式,实现自我塑造、自我完善。②超越性。创新是一个"创造性的破坏过程",创新意味着对传统的超越,它既是创造,又是破坏;创新者的独特任务就在于打破旧传统,创造新传统。③不确定性。创新是一个由诸因素交互作用的复杂网络构成的非线性系,因而具有高度的不确定性。创新的产生、发展以及后果等,往往都是不确定性的。正是由于此类不确定性的存在,使创新成为一种充满风险的活动。④稀缺性。创新总是处于一种稀缺的状态之中。由于创新具有很大的难度和风险度,创新行为出现的概率远远小于因循传统的行为,人们对创新行为的主观期望与客观后效之间往往存在着巨大的差距。

创新可分为激进式创新和渐进式创新两种。前者如蒸汽机、互联网,后者则如iPhone 的更新换代、衣服的新款等。激进式创新构成了熊彼特意义上的"创造性破坏"的主要内容,其影响是划时代的,超越人们预期的。这样的创新往往是创意的偶然迸发,而不是相关部门的研发(R&D)。而渐进式创新则多半是由研发部门所主持的,他们经过各项评估,如可行性研究、成本收益分析等,然后有意识地进行目标明确的创新过程。

根据 Nelson & Winter(1982)的研究,创新还可分为两种模式:"熊彼特模式Ⅰ"和"熊彼特模式Ⅱ"。[②] 熊彼特模式Ⅰ由《经济发展理论》一书所描述。企业家把新企业引入市场,有远见的银行家通过信用系统,对前者的商业行为进行投资,创新降低了进入门槛,小规模的新企业得以在这种环境中扮演重要的角色。这是创新的"广度模式"。熊彼特模式Ⅱ由《资本主义、社会主义和民主主义》一书所提出。书中讨论了行业 R&D 实验室与技术创新的相关性,以及大公司在创新中扮演的关键角色。大公司利用"创造积累"建立进入壁垒,以阻止新的创新者。这种创新的集聚程度较模式Ⅰ更高,创新者拥有更大的经济规模,是创新的"深度模式"。这两种模式是长期并存的,而创意型城市更加看重的是前一种,因为它可以形成一种多样的创新尝试给市场经济的选择提供为数众多的选择项。而深度模式,如底特律的汽车业,在遭受外因冲击之后很容易走上创新难以为继的萧条

---

① 冯契. 哲学大辞典(修订本)[M]. 上海:上海辞书出版社,2001:179.
② 代明,等. 创新理论 1912—2012[J]. 经济学动态,2012:4.

之路。

熊彼特还区分了创新和发明,在他那里,创新仅指新知识的商业应用,是企业家的职能,这种新知识是外生于经济系统的。然而,如今经济的边界已然模糊,劳动这一经济生产的核心活动已经如马克思分析的一般涵盖了社会的各种角落。不仅仅是明确的主体以成本收益分析指导决策的领域是经济的,一切人类的活动都是经济的,科学家和研究机构也生活在这种经济社会之中。一切从事创新和发明活动的人们都是社会分工中的一员。因而,无论是发明还是商业创新,都是内生于经济的,社会创新和发明的数量多少都与经济社会的组织休戚相关。

二、创意的内涵

创意(creativity)或称创造性,则指新观念、新理念的孕育。[①]"创意"的概念是20世纪的发明,只有短短几十年历史;其家族相似概念(创新、创造等)的历史却可以追溯到中世纪;而创意型城市的实践却跟城市的历史一样久远。这样一种时间上的差别,说明创意型城市的实践经历了从无意识行为到自觉创造活动的转变过程。

《文汇报》2012年8月6日"文汇学人"刊载了的一篇题为《"创造性"概念的历史》的文章。文中做了详细考证:古希腊,这一我们现代认为是充满原创性和发明的时代,其语汇和概念里是没有"创造性"一说的;直到中世纪,圣奥古斯丁才发展出一种被后世遵从的教义,即神从无中创造了世界,但创造性仅仅是神的特权,人类艺术家远远不能相提并论;再到文艺复兴时期,创造性开始被视为是源于个人能力,而不是神;到了20世纪,"创造性"一词才逐渐被运用到艺术以外的其他领域。[②]兰德利在一项研究[③]中指出,"创意"的使用出现了混乱。一方面,有些富创意的活动被排除在外;另一方面,有些完全没有创意的活动被称为是创意的。创意被很狭隘的一部分兴趣和活动绑架了,其他的创意活动被分离出去,不再具有被冠以创意名义的权利。这种分离主要有两个方面:①行政上的分离。格拉斯哥文化部门的行政划分(如艺术委员会、工艺委员会、设计委员会等)致使各部门只能局限在狭小

---

① 吴光华. 汉英综合大辞典[M]. 大连:大连理工大学出版社,2004:687.

② 张卜天."创造性"概念的历史[N]. 文汇报,2012-08-06.

③ Landry Charles. Glasgow: The Creative City and Its Cultural Economy[R], Glasgow Development Agency,1990.

圈子内,打理简单的、类似的活动领域,却不知道如何将自己部门的工作整合进广泛的城市经济。而这些部门之外的活动就跟"创意"概念无缘了,至少对主要的艺术资助机构来讲是这样的。②语言上的分离。曾经同属于"艺术"概念下的活动,逐渐被划分成许多不同的类别。其中隶属于权威部门(各委员会)的才能称作"艺术",之外的只能称作业余爱好。艺术家(artist)与工匠(artisan)、艺术(arts)与工业(industry)、精英文化(elite art/culture)与大众文化(popular art/culture)等也都在语言上做了人为划分。划分之后的范畴具有了不同的意义,只有很小的一部分具有创意的元素,其他均被指称为无创意的。例如,工艺(crafts)就变成了前工业社会的、纯手工的产品生产的代名词。报告认为,创意需要重新定义,真正的创意涉及实验过程、原创性、打破规则、跳出传统与习惯、从一个新的视角思考问题、从基本原则(first principles)出发思考问题、设想问题的未来场景与方案、在多样性中发现相同的思路、灵活地横向看待问题等方面。佛罗里达(Florida)(2002)把"创意"(creativity)解释为"对原有数据、感觉或者物质进行加工处理,生成新且有用的东西的能力"。兰德利在不同的场合对创意下过不同的定义,他认为:"创意是一种工具,利用这种工具可以极尽可能挖掘潜力,创造价值(Landry,1994)";是"对一件事情作出正确的判断,然后在给定的情况下寻找一种合适的解决方法(Landry,2000)"。比安基尼(Bianchini)(1994)等人认为:"创意即全新地思考问题,是一种实验,一种原创力,一种重写规则的能力。"霍斯珀斯(Hospers)(2003)则认为,创意的本质就是利用原创方法去解决每天出现的问题与挑战的能力。①

《哲学大辞典》对创造性也有解释。创造性是"根植于人的存在结构之上的精神活动",是"人一出生就具有的潜在能力"。"它是人与动物相区别的根本标志,是人类学本体论的必然性,人类一切文化、社会和现实活动的基础。""自然赋予人类的是未完成、未定形,因此出现在文化世界面前的人必然是肉体的未特定化和精神的创造性。人通过创造性确定自己的存在方式,实现'自我塑造和自我完善'。产生丰富的个体样式,形成不同的精神文化。创造性包含两层含义:人的创造能力及结构,即创造之源;人的创造力运用之过程,创造对象的活动。这两方面亦合称主观精神。与存在主义的创造和自由概念的最大区别在于,创造性所表现的人的未完成、人的开放性、人的活动性以及人的内在无限性等是严格地受到客观精神的制

---

① 汤培源,等. 创意城市综述[J]. 城市规划学刊,2007,(3).

约的,它本身亦是客观精神的产物。"①

目前,创意还没有统一的解释,正如其他许多学术概念一样。这样一种状态也不是坏事,因为每一种解释都提供了一种视角,都扩充了"创意"一词的内涵,当然也造成了一定程度的混乱。笔者在文章提及创意所指的,是一种笛卡尔意义上的"思",是能够导致创新,能够体现存在的活动或状态。

三、创意型城市

用哲学的话语来说,创意是"思",创新是"思之物"。前者是后者的"必要不充分条件",通俗地讲,前者是种子,后者是果子(或者种子发芽、发育之后的东西)。果子必要来源于其雏形的生长和发育,然而种子长成果子却不是必然的。创意的想法是个体"主观的精神",它受客观的约束,本身也是"客观精神"的产物。换句话说,创意是受现实激发所产生于个体脑中的"思",这种"思"不是凭空出现的,它是现实环境的产物;其转化为创新的产品、服务、制度等,又改变了现实的环境,使得个体所生活的世界有了新的变化,这些变化又会催生新的创意。在创意产生创新,以及创新激发创意的过程中,都需要有额外条件的支持,这些支持条件又可能都是以往的创意和创新所积累下来的成果。

如果说,创新是熊彼特在其他经济学家止步的地方所发现的内生的因素,那么,创意就是在熊彼特止步的地方继续追问所得的收获。传统的经济学关注"不变条件下",经济的均衡和循环,认为创新(他们称为技术)是外生于经济的。而熊彼特则认为创新也是内生的,是企业家的职能,就像面包师生产面包,酿酒师酿酒一样,企业家生产创新。而企业家的创新(五种情况)如何得来,熊彼特认为是超越了经济学的研究范围,应该由其他学科来研究。而创意一词所关涉的,正是熊彼特"创新"之先的、之外的新东西。这些内容对经济的创新有着决定性的作用,其出现也有着经济方面的根源,因而也是内生于经济的。然而这种内生关系,并不是"经济人"假设下经济主体目标明确的最大化行为,而是在一种非理性的逻辑之下产生的并为经济人的理性所接纳的行为。

从另外一个方面讲,创意是创新的全民化、自由化、自觉化。熊彼特意义的创新是企业家的专利,普通的劳动者只是在企业家的管理之下,在资本逻辑的约束之

---

① 冯契. 哲学大辞典(修订本)[M]. 上海:上海辞书出版社,2001:180-181.

下，做简单的工作。他们的时间是出卖了的，他们只要按照管理做好每一个动作，就会得到应允的报酬。于是，"劳动之内"工作的机械化和怠惰就是自然而然的。绩效工资也只能在一定程度上使得劳动者免于偷懒。因为劳动者既不需要为劳动的成果负责，也不需要为劳动的效率操心，他们只需要按照程序操作即可。因而，创意必然来自这样的"劳动之外"，全民的、自由的、自觉的行为。创意活动没有可商业化的成果，则活动的过程也给予了参与者以非货币化的回报。创意的活动一旦有了成果，即可进入经济的循环，执行创意活动的主体要么从企业家那里获得一次性的报酬，要么自己变成企业家。我们往往认为熊彼特将创新的范畴限定得很严格，仅仅是企业家特有的职能。其实，并不是熊彼特限定了创新的范畴，而是我们对企业家这一概念的误解限定了创新主体的范畴。熊彼特认为，企业家并不是谁头上的帽子，而是某一正在进行的行动赋予其主导者的临时称谓。"不管是哪一种类型，每一个人只有当他实际上'实现新组合'时才是一个企业家；一旦当他建立起他的企业之后，也就是当他安定下来经营这个企业，就像其他的人经营他们的企业一样的时候，他就失去了这种资格。这自然是一条规则，因此，任何一个人在他们几十年的活动生涯中很少能总是一个企业家。"①

创意型城市首先是创新的城市，经济繁荣而充满活力。这需要技术与经济的结合，需要资本作为推动，以个体为单位的创新主体作为主力军，以城市集体（或市政）政策作为保障。资本与技术的联姻，使得现有的技术条件和发明专利顺利地转化为产品和服务，转化为实实在在的、有利于提高人们生活水准的切实的创新成果。一方面，创新要使得技术的成果被迅速地引进经济的领域，为引领创新潮流的经济主体提供诱人的超额利润；另一方面，创新的扩散要使得这种成果迅速地惠及整个城市，并降低超额利润，以刺激经济主体积极地寻求新的创新。在资本逻辑和逐利个体的欲望驱动下，经济个体之间展开激烈的竞争，有价格上的竞争，也有创新的竞争。创意型城市还要是创意的城市，文化繁荣而充满生机。技术和资本拉动的经济马车要积极地接纳文化创意的加盟。要通过文化资源的开发，在商品使用价值的基础上追加审美属性和符号属性，在产品经济、服务经济的基础上积极开发体验经济的新资源。创意、资本、技术的整合可以极大地提升城市经济的竞争力，可以逐步地缓解资本和技术对人性的压抑和座架，让人们在生产和消费之外还有自由的生活，并得到不断的教化。一方面，积极地提供渠道，开掘城市文化和个

---

① ［美］熊彼特. 经济发展理论［M］. 何畏，等，译. 北京：商务印书馆，1990：87.

人潜能中所埋藏的创意资源,使得创意的蓬勃生机推进文化的繁荣;另一方面,以审美产品、体验经济、创意劳动为契机,使得文化的繁荣反哺于城市的人们,让他们在其中得到教化和熏陶,进一步地积累创意资源,激发创意潜能。

第二节　创新的稀缺性与机械论隐喻

现代市场经济的生产充斥着一种机械论的控制思维。它主要体现在两个方面:一方面,劳动力在本质上处于受资本支配的地位;另一方面,劳动力在生产过程中受到严格监管和约束,附属于生产流程。这两方面的不自主使得劳动者在其劳动范围之内无法自觉地创新。这成为整个经济系统创新稀缺的主要的和根本的原因。

一、创新的稀缺性

经济的竞争有两种:价格竞争和基于创新的竞争。价格竞争的后果是十分严重的。首先,价格竞争使得利润率趋于为零。超额利润只是由于某种程度的垄断,而存在于创新之后的短期之内。在价格竞争中,企业之间为了垄断地位进行斗法,激烈的价格战使有些企业被淘汰。而剩下的企业,要么形成某种程度的勾结,以维持垄断价格(如通信行业、燃油行业等以寡头形式存在),要么形成心照不宣地以次充好(如牛奶行业添加三聚氰胺的案例等)。这就是市场失灵,是市场自身无法克服的先天缺陷。其背后起决定作用的便是资本逻辑,是资本追求扩张(最大化扩张规模,最大化扩张速度)的深层规律导致的张力使得经济社会的市场趋于失灵。而基于创新的竞争更能使企业处于领先的地位,随后而来的创新的扩散过程又会逐步消解掉因创新而带来的优势地位。如果创新的过程能够持续不断,那么经济社会的失灵情况便会趋于和缓;而一旦创新的过程受阻,经济便进入萧条和停滞的深渊。

吸收了熊彼特思想的新古典经济学把创新看作产品,与其他产品一样有其供求市场。而创新(这种产品的)市场具有失灵的先天缺陷。① 理论上讲,企业应该具有相当高的动机和热情投资于 R&D,因为它能给企业带来丰厚的利润,这与其利润最大化的经济目标是相一致的。然而,创新市场却倾向于阻碍企业提供与社会需求一样多的投入,私人投资于 R&D 的最优水平要远低于社会的最优水平。通常地,研发结果的特性、研发过程的性质被认为是导致创新市场失灵的主要原因。

创新的成果可以被解释为一个新的知识。与私人物品不一样的是,知识具有公共物品的类似属性:它具有非竞争性和部分排他性。非竞争性意味着,一个经济主体对知识的运用并不减少知识对于其他主体的价值。部分排他性则意味着知识的生产者只能够从生产(投入资金和精力)结果中获得其所创造价值的一部分,这涉及专属权的问题。换句话说,研发活动会产生外部效应。R&D 活动之所以会产生外部效应,原因有二。①一个企业完成的研究可能会产生溢出效应,从而惠及他人,而企业自身的经济回报则有所减少。② 有些经济主体因着溢出效应之便,而在研发活动中"搭便车",进行 R&D 的企业无法要求它们支付报酬。更糟的是,当创新的扩散和溢出惠及企业自己的竞争对手的时候,它将不可避免地以自己的付出为代价而提升其对手的竞争地位。即使研发者能够向其他企业或消费者出售自己的研究成果(通过许可证等),成果的评估也将成问题,他无法获得足够与其带来的正效应相当的收益。因为,由于研发成果带来的质量改进无法很好地反映在其价格上,研发者无法向市场要求完全价格歧视。②由于 R&D 过程是一个"试错"的过程,其中充满了不确定性。技术的不确定性使得他们无法预见 R&D 的努力能否获得与他们的期望相一致的结果;市场的不确定性又使得他们无法提前预知创新的应用能否面临一个可收益的市场。由于这些原因,研发的成本一般是十分高昂的,这就要求创新成果要应用于大规模的生产,靠规模经济和范围经济才能收回研发过程的成本。这一研发过程的特性也降低了私人投入的水平,使其低于社会现有水平。

鉴于创新的这种类似公共物品的属性,新古典经济学理论的政策内涵便是,创新政策可以导致市场往新古典意义的一般均衡移动。正像我们所熟知的,政府一

① Gert-Jan Hospers. From schumpeter to the economics of innovation [J]. Briefing Notes in Economics-Issue,2003,56.

② Katz M L. An analysis of cooperative research and development[J]. RAND Journal of Economics,1986,17:527-543.

般倾向于颁发专利权以矫正这种市场失灵。然而这种政策的作用是十分有限的。除了上述新古典经济学对创新供给不足的分析之外,传统经济学中的管理和控制思想使得经济生活中潜在的创新个体处于受支配和控制的地位,其创新潜力没有释放的空间和机会。马克思曾有论述,在资本主义劳动过程中,为了实现商品的低廉化,必须做到以下两点:①必须发展支配与从属的经济关系,因为劳动能力的消费是由资本家进行的,从而是被资本家监视与管理的;②必须发展巨大的劳动连续性与劳动强度以及劳动条件使用上的更大的节约,因为一切努力都是为了使产品只代表社会必要劳动时间。①

由此便引出创新稀缺的两个重要根源:一是资本逻辑的支配使得劳动者在劳动之内无法创新;二是工业主义的生产过程和模式逐步泯灭了劳动者的创意能力。

二、创新与无创新:资本逻辑的二律背反

由于上述价格竞争的局限性,资本自我扩张的道路注定需要创新来开拓新的空间。而在资本主义的劳动过程中,劳动力的商品化和异己属性必然导致劳动受到资本的支配,无法自觉创新。

资本需要创新以自我扩张,而其急于扩张的秉性又阻碍了创新。不管是马克思的理论还是西方经济学对劳动供给的论述,都显示劳动者把自己的劳动能力和劳动时间转交到资本所有者(企业)的手里。完成这个过程之后,劳动者获得一定的报酬(工资),而在劳动(生产)的过程中要严格的按照要求、程序和规章制度进行生产。由于这种买卖的时间上的不同步和信息的不对称,使得企业面临着"道德风险",即劳动者的消极怠工和懒散低效。于是必然出现各种办法以提高效率,提高劳动力商品的使用效率。在整个资本主义时代,应对这种情况的手段不断地改进,从最初的强制性的监视和监工,到后来的管理、激励等不一而足。究其背后的思维,乃是控制,使得买得的劳动力商品处于资本的支配和控制之下,以达至资本增值的最终目的。

因为,"资本作为投入再生产流程中追求自身增殖的剩余价值,只能在不断扩张的市场的流动中生存。这种由资本流动所形成的不断扩张的人类经济活动领域是当代'经济空间'的主要形式"。经济空间的主要内容是人与人之间的关系,这种

---

① 马克思. 直接生产的结果[M]. 北京:人民出版社,1964:91.

深层关系又以表层的经济交换作为媒介和表现。因此,"资本这种社会关系的不断增殖,必然以经济扩张的可能性空间作为其资本扩张的前提,资本使这种经济扩张的可能性空间转变为现实的经济空间。这种可能性资本扩张空间,我们称为'潜在市场空间',有时也简称'市场空间'。一旦社会不能提供新的可供其开拓的市场空间,资本就无法扩张,不仅经济发展会停滞,而且失去流动性的资本会造成经济流程的阻塞,并且这种阻塞会从局部到整体,从而形成社会整个经济体面临危机"①。鲁品越教授在这里所论述的,其实正是资本逻辑对创新的要求。因为"潜在市场空间"在现实层面和具体层面必须由经济上的创新(熊彼特意义上的)来开拓。虽然其背后的和深层的动力是资本逻辑,而这种背后的力量只有借助现实的手段才能实现。因此,其中暗藏着的张力正是源于资本的推动,而各种形式的市场失灵以及人性压抑,说到底,都是由于资本的扩张力量得不到完全的释放。"可能性空间"向"现实的经济空间"转变最终是由资本在推动,这一过程的关键钥匙却是创新。相对于资本的扩张欲望来讲,创新的步伐始终太慢,二者之间的关系始终是一种挤压的关系。人在其中所遭受的也正是这种张力、这种压力带来的挤压。人的舒畅需要这一力量的和缓,而这一力量的和缓需要创新的持续不断,需要创新成为积极的拉动的力量。

然而,资本的秉性却急不可耐。其急于扩张的内在属性又从根本上阻碍了创新的蓬勃发展。因为它不但要求回报最大化、扩张最大化,它还要求以最快的速度进行扩张。于是,诸如监视、管理、激励等控制手段应运而生。这些方式也在一定程度上,在相当长的时期内为资本带来了稳定而丰厚的回报。但是,如今的情况出现了危机,上述手段所能够提供的助益已经接近于极限。

创新来源于实践和生产,却成了劳动之外的人的专利和特权。任何一种创新,无论是激进式还是渐进式,无论是 R&D 还是创意的偶然迸发,都来源于生活和工作,源于旧有的条件和基础。著名城市理论家简·雅各布斯对此有过论述,她举了一个生动的例子,来描述这种"旧工作带来新工作"的创新过程:②胸罩的制造工作直到 20 世纪 20 年代早期才在纽约出现。当时,美国妇女穿着各种各样的内衣,比如紧身衣、无袖衫和背心。艾达·罗森索太太是一位给人定做衣服的女裁缝,在纽

---

① 鲁品越. 从经济空间到文化空间的生产——兼论"文化—科技—经济"统一体的发展[J]. 哲学动态,2013,(1).

② [美]雅各布斯. 城市经济[M]. 项婷婷,译. 北京:中信出版社,2007:39-40.

约有一间自己的小店。但她不太满意衣服的上身效果。为了使衣服更加合身,她开始尝试改进内衣,结果制成了第一件胸罩,并受到顾客的喜欢。有时候,罗森索太太就会随每一件衣服赠送一件定做的胸罩。至此,胸罩制造还没有从女装裁制中独立出来,仍是一种附属活动。然而事实上,与缝制衣服相比,罗森索太太的兴趣逐渐转到缝制胸罩上。在做衣服的同时,她开始有了新的计划。她找到一位合伙人,一起筹够本钱开了一间作坊——尚待发展的工厂。罗森索太太抛下服装缝制,全身心投入胸罩的制造、批发和销售中。至此,这项新工作已成为一种独立的活动。

在这个过程中,谁从事新工作并不重要,新商品或服务的生产者并不一定是创造者。重要的是新工作添加到旧工作之上的过程一定要求操作者能够对旧工作的生产过程有一定的了解,对新的问题有自己的思考。比如:皮衣清洗工开始把清洗液灌在瓶子里,出售给那些想自己清洗皮衣的人;箱柜生产商开始分析住家或办公室储物空间的布置问题,当然这是要收费的;运动场设计师开始制造卖给运动场和幼儿园的专门设施;雕刻家开始雕刻定制的珠宝;女裁缝开办了一家时装店;服装店开始举办青少年装饰和饮食课程;支付宝开始了余额宝(抢夺银行的活期存款服务)的服务;腾讯和阿里巴巴等企业争着推广移动打车平台。创新是随时随地的灵感,被尝试成功并推广开来。一开始的时候,可能是劳动者的灵光一现或偶然尝试,有眼光的企业家看出了其中的商机,经过商业的准备和组织,最终成为一项新型的服务或产品。在有些情况下,这些从事旧工作的劳动者,成为了企业家[如上例的罗森索太太,又或者 Facebook 的马克·扎克伯格(Mark Zuckerberg)];更多的情况是,发明被熊彼特意义上的企业家以商业创新的形式无偿地占有了。

而在资本主义的、工业主义的生产过程中,劳动者被私人经济领域的"官僚管理模式"(韦伯语)监管起来。吉登斯在《现代性的体制维度》一书中分析了现代社会的四重体制维度:资本主义、工业主义、监管和军事力量。① 而其中的前三个维度也可以很好地刻画现代企业、现代城市的生产组织方式。资本主义是一种商品生产制度,其核心是资本的私人拥有和无财产的雇佣劳动力之间的相互关系,企业所依靠的是为竞争性市场而生产;工业主义的首要特征是与生产过程中机器的中心作用相结合,在商品生产中利用无生命的物质力量资源,而人附属于其上,遵循

---

① [英]吉登斯. 现代性的体制维度[A]//汪民安. 现代性基本读本(下)[C]. 郑州:河南大学出版社,2005:413-414.

机器的逻辑和程式;企业的监管能力的发展促使企业可以在更大的规模上组织生产,可以最大化地提升效率。

然而这一套体制的逻辑都是以控制为核心的。资本是主体,人处于受支配的地位。而只有在这一支配范围之外的人(资本所有者)才是自由和自觉创新的。从原始积累时期拿着鞭子的野蛮监工,到现代企业制度里面的科层制和官僚管理模式,甚至现代最前卫的"游戏化管理"①。不论这些控制的手段多么高明,这一监管之下的为数众多的个体始终没有在创意方面得到完全的解放。一如推行家庭联产承包责任制之前的农村生产,队长、社员、记工员,在工分考核的框架下进行生产。绝大多数的人的创意潜力得不到释放,那么社会的创意和创新便不可避免地具有稀缺的属性。

三、效率与无效率:福特主义的内在矛盾

这种资本逻辑的二律背反,表现在生产过程中,便是福特主义的内在矛盾。在资本的深层规律和资本所有者的欲望支配下,企业则倾向于价格竞争、成本竞争、效率竞争。企业必然地关注效率,追求效率,现代的企业因追求效率而采取了福特主义的生产模式和泰勒制的管理方式,结果却在宏观上和长期上导致了无效率。

企业将机器设备连同劳动力一起视作资本。尽管传统西方经济学的分析框架,把资本、劳动、土地等要素分开来,研究其最优组合。然而,这所有的一切在企业决策者那里都是预付的资金换来的,目的即是在将来的生产和销售活动中获得额外的回报。回报的多少,是亏损还是盈余都要自己负责,确定的效率和不确定的风险也要自己承担。因此,企业急于以确定的成本换回最大化的收益。在这个问题面前,我们的经济社会采取了一个办法,或者说一个方式,一个主义。这就是安东尼奥·葛兰西(Antonio Gramsci)所谓的"福特主义"。葛兰西在《狱中札记》里命名了福特主义,其特征是机械化分工、大规模标准化生产、科层制管理。在这样一种生产机制下,劳动者成为了机器的附属品,"在劳动者中间发展机器自动的技能达到最大程度,打破了要求一定程度地发挥劳动者智力、幻想和主动精神的熟练

---

① 所谓的"游戏化"(gamification)理念是指,将游戏玩家的着迷精神转化为企业员工的工作动力。在现实生活中,对于那些需要不断重复的繁杂工作,则需要拿钱请人才能完成。而视频游戏不但推翻了这条法则,而且将其完全颠倒过来:玩家们心甘情愿地掏钱,然后让自己有机会来尝试一下累活苦活。"游戏化"理论人士据此认为,那么我们能不能将这种游戏效应用于解决商业问题?

和专业劳动的旧的心理生理关系,把一切劳动作业都归结到它们的体力和机器的一方面"①。从劳动过程方面来看,"福特主义是一种通过对劳动过程的技术和社会分工,而达到批量生产标准化产品的架构。这种大批量生产能力主要来自泰勒生产线概念的运用,也就是说对装配作业线的紧密规划,并指定劳工从事特定工作步骤。虽然表面上看来,这种生产线对每位工人进行严密的分工,但由于是半自动化的生产线,因此其实每位工人的角色是可相互替代的,并非真正的技术分工,所以,在福特主义工厂中的工人只能算是半技术工人"②。

这种马克思主义的指控,引起了许多争议和辩解。他们声称,泰勒主义和福特主义并不如马克思主义学者所说的,仅仅把人看作机器,并为资本家剥削工人创造条件。他们指出,福特主义和泰勒制在企业的生产流程和管理思维方面留下了深刻的印记,它们具有划时代的意义。在全球化的过程中,福特主义的生产方式确实带来了相当长时期的繁荣。机械化分工、标准化生产、科学化管理使得生产效率确实有了相当大的提高。然而这种生产的效率却扼杀了创新的效率。单个产品自创新出现,到从地方市场扩张到全球市场,在市场饱和之前,福特主义的生产方式都是十分有效的。在这一过程之后,经济的扩张便需要创新来开拓新的领地。而创新和生产是两个完全不同的活动,对生产来讲具有极高效率的组织方式,对创新来讲却是十分有害的。

个体创新的效率来源于环境,而福特主义的生产组织形式破坏了这一环境要求。创新和创意并不是个体工作者的孤独沉思,而是多种刺激的产物,这些刺激位于地方经济中各类参与者之间交互作用的节点。这也正是城市与农村相比更能够提供的:大规模的聚集,异质性个体的广泛而深入的交流。然而,在现代企业的生产组织方式之内,在大企业主导的城市空间之中,这些城市原本具有的先天秉性被遮蔽了起来。在劳动之内,劳动者被严格的程序化操作、细致的分工和所谓科学的管理定义了。其先天的创意禀赋得不到应有的刺激和激发,逐渐地失去了创意的习惯和能力。

整个社会的创新的连续性也需要一定的混沌状态,而现代大企业和城市的效率至上主义断送了这一创意的产生基础。工人单干会促进新工作的开展和新组织(企业)的建立。但是单干对原公司来说并不好,会损害效率。在一个少数大公司

---

① [意]葛兰西. 狱中札记[M]. 葆煦,译. 北京:人民出版社,1983:403.
② 胡海峰. 福特主义、后福特主义与资本主义积累方式[J]. 马克思主义研究,2005,(2).

驻扎的城市,员工很难在企业之外谋生,他完全得依附于企业。这虽然带来了效率,却极不利于经济增长。从效率的角度来看,受过专业训练、擅长某项工作的人最好尽可能长久待在原有工作岗位上。但是从经济发展的角度看,只有经过训练的工人将旧工作加以创新和改进,或者跟随工作中的意外灵感而发现新的工作,才是最有价值的,才最能够带来经济扩张,尽管这一过程往往会失败。我们要衡量一个城市的经济发展,仅考虑一年或几年的产出是不够的。我们通常意义上的 GDP 指标,正是这一衡量的代表。它仅仅从价值的角度,衡量了这一年的工作带来的经济收益。而新工作在旧工作中产生并带来效益,如新工作占旧工作的比例,产值比等都没有考量进来。然而正是这些指标才决定城市未来的经济情况。

曼彻斯特和伯明翰这两个英国制造业城市的发展轨迹正好说明这一问题。19 世纪 40 年代,曼彻斯特被看作是最先进的城市。纺织业完全占领了城市,工业不发达的过去已经了无痕迹,在这一新城市轰隆隆的机器声里,其他的城市都黯然失色。这仿佛就是工业革命的必然结果。许多观察家和评论家,包括马克思,都相信曼彻斯特可怕的生产上的效率预示着城市的未来(尽管他们关注的是更深层的问题,保持的是批判的态度)。与曼彻斯特相比,伯明翰看起来似乎是已经过时的城市。伯明翰制造业的小型组织没有有效地联合起来,有许多不必要的工序和重复劳动,有能力的工人总是脱离雇主单干,自己成立一个小的企业(或称作坊)。伯明翰除了生产的组织(企业)比较零散之外,其产业也复杂多样,很难说清楚其主导产业是什么。人们(包括知识分子)兴致盎然地谈论曼彻斯特,而无人提及伯明翰。因为伯明翰没有现代气息,没有新时代的迹象,没有任何能够预示衰败或者繁荣的征兆。然而后来的事实却让当时的人们大吃一惊,是伯明翰而不是曼彻斯特代表了未来。20 世纪六七十年代,英国经济仍旧具有活力的只有伦敦和伯明翰。曼彻斯特高效率的专业化分工意味着固定化的生产模式,当外来的冲击到来,或者其他城市的人们学会以同样高效率的方式进行生产的时候,它就从繁荣走向了衰败。然而,曼彻斯特的由盛而衰并不能够减弱其在工业革命初期所彰显的创意能力。正如论文前面所论述的,在工业革命之前,曼彻斯特的环境恰恰是创意的代表,是整个英国乃至整个世界最具有创意的城市。正是其创意导致了其工业革命策源地的使命,也造就了其黄金年代、奔腾岁月的辉煌成就。及至它的经济因工业革命而走向最辉煌的时候,工业主义所追求的生产的高效率却扼杀了创意和创新的高效率,并为其后来的衰败埋下了种子。

因此,效率和无效率之间仅仅一线之隔,是一个微妙的二律背反。这一个表层的微妙关系受资本逻辑的深层驱动,在整个现代社会产生了不断的挑战,阻碍着城市一路前行的繁荣脚步。这同样也是新时代的一个挑战,我们如何应对才能够在当代的城市竞争中不致落败?如何才能够既利用好高效组织和科学管理的现代生产模式的优越性,又不至于被其扼杀了创新和创意的生命?

第三节　创意型城市与进化生物学隐喻

对于这样一种机械论思维的弊病,创意型城市便是良药。它由机械论隐喻转向进化生物学隐喻,它放弃控制而选择引导,舍弃确定性而顺从不确定性,并积极地开发非理性的力量。它一方面积极利用现代生产模式的功用;另一方面通过弹性化的管理使劳动者能够在现代生产系统之外拥有创造性劳动的机会。通过有意识的城市顶层设计和劳动者积极的大众创新,以确保城市经济的持续繁荣。在某种程度上,创意型城市是一个孕育创新的有机体。它顺应人和自然的演化规律,而又不排斥人为的柔性呵护和弹性干预。

一、城市经济中的理性与非理性

机械论隐喻根源于一种科学主义、理性主义的思维,它用看待机器的眼光来看待一切,并希望用操纵机器的方式控制一切。这与罗宾逊夫人指责的"经济学家顽症"有异曲同工之妙,她认为李嘉图以来的百年之内,西方经济学家习惯于把复杂的经济系统化整为零,人为的假定很多因素固定不变,模仿自然科学在变量控制的条件下做实验,然后从简单化的假设出发,利用逻辑推导出干净利落的结论。

这样一种认知态度和方法若要能够达到目的,需要满足两个方面的条件:一是人类认知理性要能够确定地详知一切;二是被认识和控制的客体完全按照理性逻辑行动。而我们知道这两方面的要求在现实中是不可能获得的。如果我们的对象是一个钟表,那么我们完全可以详尽地知道,也可以精确地控制。从它的驱动来源到传动装置,再到其显示的准确性,我们都可以控制得十分理想,保证它在运转过程中出现故障和时间偏差的概率小到可以忽略。而如果我们期望认识和控制的是一个复杂的物件或者系统,比如一个生命体、一个池塘的生态系统、一座城市,那么结果很难达到我们面对钟表时的理想状态。在复杂事物的面前,我们相对有限的认知能力要求一套不一样的方法和态度,要求认清和把握理性与非理性两种力量。"理性是文明进步的导向,非理性是历史前进不可或缺的'质料'和内驱力。唯有理性和非理性处于一种有机协调的状态,人类的进步计划才是成功的和合理的。"① 我们在认知和实践过程中,只有合理利用了这两个方面的力量才能获得相对理想的结果。

城市经济中的人不是全智全能的理性经济人,而是理性、非理性兼备的有限理性的经济人。城市经济的主体在认知上是不完备的,在行动上是"五彩缤纷、千姿百态、各不相同、变化不定、难以形容"(波普尔语)的。因此,要想以相对有限的认知能力去把握城市经济,我们需要一种新的态度和方法。这种态度和方法需要扬弃掉经济学传统中理性崇拜的缺憾,让城市的经济生活自认知而实践的过程中都充盈着理性与非理性的良性互动。正如西蒙(Simon)所言,"社会科学习惯于在自然科学最显赫的成就当中寻找榜样。这没有什么不好,只要不是像奴隶那样亦步亦趋就行。在经济学界,赞美牛顿力学并寻找经济学上的物体运动定理,一直是很常见的做法。但对一门科学来说,这并不是唯一的模型;并且就我们的意图而言,看来这也确实不是合适的模型。对人类行为,即使是人类理性行为,我们不能用少许几个不变量加以解释。采用完全适应环境这一假设,肯定是解释不了人类行为的"②。

现实的人③不是单纯抽象的人,他们是从事现实感性的实践活动的人。在从事物质生产活动、精神生产活动和人的自身生产活动的过程中,他们有激情,有欲望,有习俗,有情感,有意志,有思想,他们结成一定的社会关系,并积极地交流和交往。他们不是一个机械式受动的人,也不是一个"消极的、精神空虚的"载体,而是"能动地表现自己的人",不间断地从事着变革现实的"自主活动"的人。他们有着完整的精神整体结构,其生理层面、心理层面和意识层面都既有着理性的一面,也有着非理性的一面。无论是个体存在的人,还是群体存在的人都具有这两方面的特征。而人非理性的一面,既是一种现实存在,也是经济社会发展不可或缺的内在

---

① 张雄. 市场经济中的非理性世界[M]. 上海:立信会计出版社,1995:1.
② [美]赫伯特·西蒙. 现代决策理论的基石[M]. 北京:北京经济学院出版社,1989:96.
③ 张雄. 市场经济中的非理性世界[M]. 上海:立信会计出版社,1995:92-95.

驱动力。创意和创新也必须要受到非理性的支撑才能实现,城市经济的繁荣发展也必须要对这种非理性的因素加以重视。

城市,作为一个伟大的人类发明,作为一个不断自我完善的精妙装置,必然是一个有机体。以经济交换和文化交流为内容的人类交往活动在人与城市之间构筑了一座桥梁,搭建了一个自然反馈的纽带。这种交往活动遍及经济、文化的各个方面,它所带来的创造活动也就遍及经济和文化两个层面的各个角落。在这个创造过程之中,人不断地从事着创造活动,为城市经济、城市文化提供新的内容;同时也从不断更新的城市经济、文化,以及城市外在的景观和内在的精神气质之中不断地汲取着营养,不断地被创造。另外,文化层面的小循环又和经济层面的小循环产生交流,共同融进整个城市的大循环。在这个过程中,文化的创意不断地为经济系统所吸收,以产品和服务的形式与他人、与城市产生交往;以经济为媒介的交往又反过来催生了人们的文化创意。而创意型城市正是这样一个有机的系统,既有人与人、人与城市的交往,又有文化层面、经济层面的相互影响又和谐一致的双循环。

然而,这一有机体的运转需要两个方面的保障。一方面,个体的去机械化诉求得到满足,人们的生存境况和生产活动能够逐步地摆脱掉严苛的控制,走上自觉的创造之路;另一方面,整个城市作为一个生生不息的有机体,其中各个层面的交流、融合和反馈要能够无障碍地运行。这两个方面的保障需要两个层面的主体来参与,既需要个体在生产活动中的积极主动,又需要城市决策者做前瞻性的规划,并根据反馈机制做必要的矫正和引导。卡尔·波普尔(Karl Popper)称,未来是由历史条件预先注定的。创意型城市的繁荣需要的历史条件则是顶层设计与大众创新的有效结合。

二、创意型城市:大众创新的无限力量

城市经济的繁荣,乃至国家层面的繁荣源自民众对创新过程的普遍参与、积极参与。创意来自人们的创造性,既需要个人具有与众不同的知识、信息和想象,又需要异质个体之间相互的刺激和激发。

经济社会步入现代,其主要内涵已有所改变。在熊彼特的时代,商业经济致力于生产耗费的降低和效率的提高。熊彼特曾形象地说,"伊丽莎白女王有丝袜。资本主义成就一般不在于为王后们准备更多的丝袜,而在于稳步地减低生产上的耗

费,使丝袜成为工厂女工能够买得起的东西"①。而现代经济则致力于创新的不断涌现。企业急迫地向前冲,渴望站在引领变革的潮头,再也等不及长尾理论所重视的后期效益。新产品的推出,伴随着旧产品的停产。创新和创意成了经济滚滚向前的最重要推动力。而商业社会里生产耗费降低的漫长过程,在现代社会里已令人无法忍受,企业必须在一开始就以最低的耗费、最优的组合进行生产。在熊彼特的理论中,创意和发明是外在于经济系统的,企业家只是开发外来的发现可能实现的经济项目。企业家拥有"把事情做成"的决心和迫切愿望,他们在已有的创意和发明之中,把合适的和有利可图的挑选出来,进而实现经济的创新。企业家和发明家是完全无关的,也是不相往来的。而诺贝尔经济学奖得主埃德蒙·费尔普斯(Edmumd Phelps)有新的发现。他指出,"现代经济的到来引发了改变:现代经济把那些接近实际经济运行、容易接触新的商业创意的人,变成了主导从开发到应用的创新过程的研究者和实验者,而科学家和工程师往往被他们召集过来提供技术支持。事实上,现代经济把各种类型的人都变成了'创意者',金融家成为思考者,生产商成为市场推广者,终端客户也成为弄潮儿"②。现代经济的繁荣正是来源于一种新的体系,一种由经济文化和经济制度构成的体系。在这个体系之中,人们密切地联合在一起,一切职业的人们都被整合进了经济的系统,一切创意、一切人的创意都成了经济内生的宝贵财富。

焕发高度活力的经济社会需要有相应的精神气质,这种精神气质必须是全民范围的活力受到时代风潮的激发,正如工业主义初期人们在黄金年代里所体验的那样。草根阶层的活力要求人们拥有创办新企业的自由,以及在冒险成功后得到社会承认和财务回报的信心,否则产业人士最看好的项目也无法吸引人们的创新努力。有时,鼓励政府建立促进创新活动的制度以及给特殊的创新项目融资固然可以有所帮助,但是没有哪个国家找到过能代替自由企业的焕发经济活力的机制。这也正是党的十八届三中全会提出"市场在资源配置中其决定性作用"的意旨所在。

大众创新能量的释放需要以下几个方面的条件。

首先,大众创新需要欲望和利益的驱动。马歇尔在《经济学原理》一书中称,

---

① [美]熊彼特. 资本主义、社会主义和民主主义[M]. 绛枫,译. 北京:商务印书馆,1979:86.

② [美]埃德蒙·费尔普斯. 大繁荣:大众创新如何带来国家繁荣[M]. 余江,译. 北京:中信出版社,2013:30.

"人类的欲望引起了人类的活动"。他一语道破了经济繁荣的深层根源。通过城市和乡村的比较,我们也已经发现,慵懒的生活节奏,自我陶醉的田园生活方式并不能催生经济的活力和创新。人们只有在欲望的支配下,才能够获得行动的激情,不管这一欲望是追求更好的生活水准还是想"改变世界"(约瑟夫·乔布斯语)。人类从来都不缺少欲望,既不缺少良善的欲望,也不缺少邪恶的欲望。在人们从荒野和丛林走进人类社会的时候,作为自然历史产物的立法意识催生了一系列的手段,以对欲望进行约束。在前现代社会,欲望犹如洪水猛兽,社会的文化和意识形态对其有严格的约束。在古老的共同体之内,以忠君爱国或者崇敬上帝为方式的荣誉追求,把欲望指认为是邪恶的根源。宗教的戒律和教条压抑着人类的欲望。而在文艺复兴时期,以及随后的 17 世纪,人们对欲望的认识有了很大的转变。一些先知式的思想家逐渐认识到人的欲望可以受到某种程度的驯化,以服务于普遍福利。①霍布斯在《利维坦》一书中指出,国家在驯服私人欲望的努力中具有十分有效的作用,道德层面的劝阻,律法、监狱、警察等国家机器的暴力威慑都是可行的方法。人们还发现了另外一种方法,它起源于曼德维尔的《蜜蜂的寓言》。在某种略带神秘性的体系之中,私人的恶德可以转化为公众的福利。总之,整个 17、18 世纪,经过马基雅维利、霍布斯、曼德维尔、休谟、爱尔维修等一大批思想家的反复论辩,人们逐渐接受了"欲望是可以驯服的"这一说法。欲望不再是洪水猛兽,而是可以被驯化成驾辕之驹,是一种充满力量的活力之源。及至斯密提出"看不见的手"理论,欲望才逐渐被人们接受和认可。传统社会里的荣誉概念渐趋衰落,利益观念逐渐觉醒。尤其在斯密的经济理论主导了现代人们的意识形态之后,自利成为了合理合法的行为准则。现代的社会框架一方面承认人们追求利益的权利,一方面也对合理利益有着一定的界定和约束。因此在利益的框架之下,人们的欲望得到一定程度的引导:欲望中的邪恶倾向后退,良善倾向彰显。在欲望和利益共同作用的现代文化和现代经济制度之中,大众创新才有澎湃的激情。

其次,大众创新的激情需要制度的支持。在现代经济社会里,这种由欲望和利益所驱动的创新激情还需要制度的支持。其中,最广为人知的便是产权和创新利益的保护。创新体制运转的动力来自财务回报和非财务回报的组合。"如果不能合法地取得商业创意的收益(如卖给某个企业家以取得分红,或者在能够获得专利保护时收取专利费或者出售专利),就不会有很多人构思和开发商业创意。如果企

---

① [美]艾伯特·赫希曼. 欲望与利益[M]. 李新华,等,译. 上海:上海文艺出版社,2003:15.

业家和投资人不能自由创建新企业、自由进入某个产业、自由出售企业的股份(如今主要是通过公开发行)、自由关闭企业,他们就不会对创意的开发进行投资。"①除此之外,某些非财务回报也很重要。现代经济所依赖的一种激励性经济文化、人们从小培养的生活态度和信仰、想象力和洞察力的获得、热情、好奇和自我表现等动力因素都构成创意的非财务回报。人们在创意的过程中和结果中获得非物质的享受和激励,这是创新和经济活力必不可少的一种因素。在创新的过程中需要大量的经济主体聚集在城市空间之内,新产品和服务的开发需要不同投资主体的参与,例如天使投资人、风投资本家、储蓄银行、对冲基金等;需要不同生产商参加,如创业公司、大公司及其分支机构;需要由企业承担各种市场推广、广告宣传和市场策略的制定工作;需要对新工艺进行评估,对消费者尝试和使用进行引导等。这许多的企业结成有机联系的整体,才能够孕育出作为最终产品的创新。城市还要打造出一种包容的态度,营造出一种多样性的聚集,因为创意和创新的最初产生与潜在创意者的背景、环境和个性的多样性有很大关系。

最后,大众创新需要环境的激发。城市经济学家简·雅各布斯指出,只有城市才能孕育新的多样性和原创性,从而产生创新的可能。创新来源于想象力和洞察力,这种能力来源于丰富多彩的生活实践,既需要城市景观能够摆脱平淡无奇和千篇一律的死板气氛,又需要城市的人群能够摒弃相互冷漠的原子式、晶体式的孤立和绝缘。公司的饮水机旁或午餐时漫不经心的交流也可能会产生关键的作用;城市广场上、咖啡馆里不同职业的人之间的观察、交谈也会激发出难以预料的灵感。现代经济的创意和创新既有有计划的 R&D,又有偶然的创意发现,即使是有计划的开发也需要灵感来打通思维的瓶颈。因此,大众创新对生活环境有着很高的要求,对人们之间的关系也有着同样严格的要求。人们之间关系的疏离和紧密都将在很大程度上决定创意的出现频率。

三、创意型城市:顶层设计的合理导向

肯尼思·博尔丁(Kenneth Boulding)曾指出,知识领域是社会自觉战胜个人自觉性成就的前提。他强调的是新兴的社会进化或精神进化的时期中社会指导的

---

① [美]埃德蒙·费尔普斯. 大繁荣:大众创新如何带来国家繁荣[M]. 余江,译. 北京:中信出版社,2013:31-32.

可能性,而不是强调过去的适应性生物进化或社会进化。这里,博尔丁所提及的超越适应性的生物进化或社会进化的模式便是机械论隐喻和进化生物学隐喻的结合,是一种更科学更自觉的进化模式。

　　大众创新的繁荣离不开顶层设计的合理导向。这种顶层设计既不是机械论隐喻所暗含的计划、操纵和控制,也不完全是进化生物学隐喻所指的绝对的无所作为。它是一种柔性的干预,是从宏观层面的引导,是既立足现实又瞄准梦想的蓝图描画工作。顶层设计本身也是一种创意工作,从一定意义上说,改革开放就是这种创意,解放思想也是这种创意。历史的发展总是一群人手挽手地向前走,有些先知先觉的走在前头,普通大众则在他们的牵引之下前进。这走在前头的一批人便是知识分子、创意大师,是创意政策的制定者,是改革创新的设计师。与机械主义的控制和演化主义的无为相比,顶层设计的理念关涉两个概念:目标和现实。在机械主义者那里,目标是明确的,但对现实却缺少实质性的深刻把握;而在演化主义者那里,现实是被尊重的,目标和人的主观的能动力量却被无视了。顶层设计理念的深刻之处便在于,它对目标和现实都有足够的理解和把握,并积极地致力于在二者之间搭建起一座桥梁,让梦想照进现实。所以,顶层设计的理念在现实的层面必然舍弃激进式的变革,而选择渐进式的改革之路,选择"自我革命"的道路。同样是经济转型,中国的改革开放成绩斐然,而俄罗斯和其他东欧国家却失败了。其中原因,很大程度上乃在于中国选择了渐进式的改革之路,结合了社会主义和市场经济,最终走出一条符合国情的、社会震动较小的成功之路;而东欧国家激进变革的"休克疗法"风险太高,最终失败。中国渐进式的发展道路主要体现在两个方面。①改革进程由易到难。重心由农村而城市;先放手发展非公有制经济,再逐步变革国有经济的体制和机制;先改革商业流通体制,再逐步深入财政、金融、税收、投资和人事体制。②改革范围由点到面,由浅而深。范围上,先在沿海四个特区试点,再扩大到十四个沿海开放城市,最后推广到全国范围;内涵上,先从贸易和投资领域入手,再深入经济技术和金融等领域。

　　如今在城市层面上,如何促进城市经济的繁荣和市民生存状态的改善,也是一个需要审慎对待的问题。因为在发展的过程中,不仅目标重要,发展的路径选择也很重要。城市经济的生机和活力来源于大众创新的蓬勃不息,但城市又不是原子式、晶体式个体的简单加总。城市政策也不是简单的个体利益的协调和讨价还价,必须要有人在总体层面、组织层面上思考问题。我想,这才是城市决策机构的主要职责所在。也许,市政可以考虑以下三方面的问题。①通过城市福利和设施的建设，和缓城市人口所遭受的各种紧迫感和压力感，增加"劳动之外"的生活空间。②对大众创新给予足够的重视，对大众创新和经济活力的原因有基本的认识，逐步地消除大众创新的障碍（教育导致的思维局限、政策导致的权利局限、传统习俗导致的行动局限等）。③通过景观和事件激发大众的精神状态，通过广场、酒吧、咖啡馆等日常生活的场所促进人与人的交往。

在党的十八届三中全会上，《中共中央关于全面深化改革若干重大问题的决定》中提出"让市场在资源配置中起决定作用"。这一方面是废除了某些政府干预的旧做法；另一方面也暗含着要启动一系列干预措施的新方法。①市场的地位被抬升到更高的位置，那么相应地，对市场的要求也必然要提升到更高的标准。经济学的理论已经证明市场具有先天的缺陷，埋藏有失灵和无序的危机。如何保证市场能够健康有序，而又能够不妨碍大众创新的激情；如何能够利用市场的效率，而又不失却最基本的公平和正义。这些内容无法求诸市场本身，而只能求之于市场之外，只能依靠政府加强这方面的工作。此外，市场的运行所需要配套的法律和制度也需要相应的改革。②市场不是目的，经济的活力和繁荣，以及人们的生存状态才是城市经济生活的最终目的。与"批哪块地"相比，组织什么样的经济事件，打造什么样的经济区域，吸引经济主体的进驻，提供能够教化市民创意精神和生活情趣的休闲场所和时间，是更能够带来经济繁荣的好做法。

总之，创意型城市的打造离不开两个维度的要求：大众创新的蓬勃有序和顶层设计的科学合理。两者之间又是相辅相成的关系，大众创新是驱动力和活力源，而市政的顶层设计是灯塔和罗盘。这一分工体现着尼采哲学的两种精神："酒神精神"和"日神精神"。创新和创意正是来自芸芸众生的世俗生活，源于他们生命本能的释放，源于他们入世和注重行动的态度，源于他们充满激情和陶醉的"酒神精神"；而对创意的引导和对群体生活的约束则需要一种凭高静观，一种理性思考，需要"日神精神"所看重的和谐、限制与哲学的冷静。创意型城市正是这样一个有机体：个体的聚集和群落式生活的自然属性得到彰显，人们的创造本能得到释放和激发；城市通过人的创意积淀文化底蕴和经济涵养，又反过来教化人们。这种人通过他人与城市再回到自身的过程，可以是对立的，也可以是和谐的；可以是丛林也可以是天堂。市政的顶层设计便是一种努力，努力使得个体的本能、欲望、激情不至于熄灭，也不至于成为异己的力量。

第四章
创意型城市的经典案例

为数众多的现代城市,大多数都具有程度不同的创意元素,少数几座代表性的国际大都市则成为创意型城市的典范。虽然它们的历史、文化、产业和城市精神有着迥然不同的特点,但是它们在孕育创新和激发创意方面有着不错的表现,其中有巴黎、纽约、伦敦、洛杉矶、都柏林、格拉斯哥等。本章选取巴黎、洛杉矶、都柏林、格拉斯哥四座具有代表性的创意型城市作为案例以探讨不同城市背后共同的创意元素。

第一节 "虚拟与想象"相结合的市场创意

巴黎是世界上最古老的现代城市之一。这座古老的时尚之都弥漫着浪漫的气息,对高雅、艺术和时尚有着一份坚持;同时其以文化为底蕴的工商业也充满着创新的现代特质。巴黎特有的城市精神使得它能以古老的城市而葆有现代的精神,能够从时尚、思想各个方面引领世界的潮流。巴黎作为创意型城市的优势在于其独一无二的历史底蕴、丰富多彩的城市景观、浪漫但深刻的城市精神,这些使得其文化的资源不断地转变为经济的和生活的财富。与巴黎相似的还有纽约、伦敦等城市,我们仅仅选取巴黎作为代表。

一、小众经济:高雅、奢侈与时尚

(一)概况

巴黎人口达 2 257 981(2012 年),占地 10 539 公顷(占法国国土面积的 0.02%)。这座不算太大的城市有着巨大的吸引力。穿流而过的塞纳河,随处可见的林荫大道(巴黎有着欧洲最密集的树木植被)、埃菲尔铁塔、凯旋门、博物馆、电影院使得巴黎拥有举世瞩目的魅力,每年有 4 000 多万人造访巴黎。巴黎是世界上最重要的政治和文化中心,它在艺术、教育、时尚、娱乐、科学等方面具有重大的全球影响力。联合国教科文组织、经济合作与发展组织等许多国际组织都将总部设在巴黎,世界 500 强企业中的 33 家总部设在巴黎都会区,这里有着欧洲最大的中央商务办公区、高等教育机构集中区域。巴黎大约贡献着法国 1/4 的 GDP,被认为是世界上最适合研发创新的城市之一。[①] 巴黎的经济活动多种多样,包括珠宝、香水、时装皮草、家具、电子、图书、电影等。但是,多样的产业结构当中却没有一个特别突出的、主导的制造业。这与洛杉矶以娱乐业,纽约以金融业为标志和主导的情况不同。

瓦尔特·本雅明(Walter Benjamin)曾将巴黎称为"19 世纪之都",它"作为文化创造和创新的主要中心而发挥作用,它对来自法国其他地方以及别的国家的艺术家有着不可抗拒的吸引力。它还聚集了大量的熟练技工,他们的工场为当地资产阶级设计和制作出种类繁多的高质量工艺、时装和文化产品,并为整个欧洲和北美的高端消费定下了基调"[②]。巴黎 19 世纪的辉煌已经有所消退,但是其历史、文化的积淀,延续至今的全球声誉,以及它从以往继承而来的财富和资源(包括职业协会、同业公会、艺术家、技艺工人等)都潜藏着其在创意型城市竞争中的巨大潜力。

(二)巴黎时尚周

巴黎是举世公认的时尚之都,是"时装设计师的摇篮",是"服装文化圣地"。每

---

① Think Now,Innovation Cities Global Index 2012—2013[oL]. http://www.innovation-cities.com/innovation-cities-global-index-2012/7237.

② [美]艾伦·斯科特. 城市文化经济学[M]. 董树宝,等,译. 北京:中国人民大学出版社,2010:222.

年的 9、10 月份和 2、3 月份,分别为春夏季、秋冬季的时装展示会档期,在大约一个月的时间之内,会有 300 余场时装发布会。在"法国时装协会"的支持之下,一辈辈的人才以其努力和才华逐渐地积攒下良好的声誉。在全球四个国际时装周(巴黎、纽约、伦敦、米兰)当中,巴黎是最具影响力的,正如一位美国评论家所言,"今天的巴黎时装会展示的服装就是明天纽约、米兰、伦敦、东京流行的时装"。米兰和伦敦的"时装周"风格比较保守,纽约的"时装周"则充斥着太多的商业氛围,巴黎时装周以其宽广的胸襟和一呼百应的影响力吸引着全世界时装界的精英。

它以包容的态度接纳风格迥异的设计师,并不要求他们宣扬巴黎风格,也不对他们的设计和理念有所约束,只是为他们的设计才华提供展示的平台。包括中国的、日本的东方设计师也在时装周上崭露头角,赢得好评。时装周吸引了众多的人才,除设计师之外,还包括模特、化妆师、摄影师、时尚杂志的编辑、记者等。时装展示会能够把各时装品牌的生产供应商聚集在巴黎,能够促成企业之间的时装订单,能够在相对集中的区域之中形成巨大的集聚效应。在一定程度上,时装周赋予了巴黎一种独特的垄断力量,它使得化妆品、包和珠宝等饰品、香水等产业的供求双方都集聚在巴黎。巴黎成为了行业的圣地,但凡有梦想的行业从业人员都积极努力地往巴黎奔,行业的供求双方都关注巴黎的信息和风向。

(三)巴黎电影产业

巴黎的电影产业也彰显着高雅的追求。电影制作者往往有意识地追求自觉地创造具有高雅艺术特征的作品。巴黎作为艺术、文学和音乐人才的集聚地,彰显着一种文雅的城市精神气质。19 世纪的巴尔扎克、波德莱尔、肖邦、王尔德,20 世纪的毕加索、本雅明、萨特、波伏娃、罗兰·巴特、福柯、海明威等曾经在巴黎生活,他们在世界文化史上取得了巨大的成就,他们的创造力也丰盈了巴黎的城市精神。而巴黎以城市的记忆保留了他们的烙印,空气之中也弥漫着文化和艺术的气息,如朱自清在《欧游杂记》一文中说的,巴黎人"几乎像呼吸空气一样呼吸着艺术气,自然而然就雅起来了"。社会和文化的主导思潮促使电影制作人也有着一种高雅化的追求,他们积极地抵制将产品价值完全等同交换价值的商业化思维。

这样的高雅化追求使得巴黎电影产业受到来自好莱坞电影的竞争和冲击。然而,法国国家电影中心(CNC)以及许多雇主协会和工会调节产品的生产制作,协调劳动关系,并筑起了一道抵御美国电影冲击的防线。成功的巴黎电影主要依靠其人文和情感的深度,这种深度来源于编剧、导演、演员,以及布景、服装、摄影、剪辑、照明等全部电影从业人员的集体才华和气质。巴黎的电影产业虽然没有好莱坞电影一般空前繁荣,但是也不乏成功的电影,并拥有着电影评论方面的杂志和忠实影迷。

总之,巴黎的文化和经济在全球化的世俗经济之中保持着一份倔强,一份不向大众化的商业利益妥协的精神。它以深厚的文化底蕴和传统工艺为基础,专门为数量较少的顾客生产奢侈品,如果它偶尔妥协于大众化的商业价值,则并不是其成功的标志,而是衰落的标志。然而,无可替代的历史、文化、建筑和城市景观赋予了巴黎独一无二的资源,使得它能够一方面抵御全球化的商业冲击;另一方面还能够保持高雅、奢侈和时尚的倔强追求。巴黎的产业有着独特的结构,它并不是如洛杉矶或纽约那样有着一个一枝独秀的主导产业,而是集聚着众多的小型产业,产业之中垂直的和横向的分裂使得它能够灵活地运作。巴黎时装周和电影产业仅是其中两例。

二、巴黎精神:浪漫、批判与创新

法国"几乎到处都出产葡萄酒",恩格斯曾在《从巴黎到伯尔尼》一文中盛赞法国的葡萄酒,说他们的葡萄酒"种类繁多""妙不可言",喝了之后能够让人的情绪发生各种变化:唱歌、跳舞的情绪,狂欢节的情绪,革命的情绪等。在这种"酒神精神"的鼓舞之下,巴黎成为世界独一无二的一座城市。于是,恩格斯称,"只有法国才有巴黎,在这个城市里,欧洲的文明达到了登峰造极的地步,在这里汇集了整个欧洲历史的神经纤维,每隔一定的时间,从这里发出震动全世界的电击,这个城市的居民和任何地方的人民不同,他们把追求享乐的热情同从事历史行动的热情结合起来了,这里的居民善于像最讲究的雅典享乐主义者那样地生活,也善于像最勇敢的斯巴达人那样地死去,在他们身上既体现了阿基比阿德,又体现了勒奥尼达斯;这个城市就像路易·勃朗所说的那样,它真的是世界的心脏和头脑"[①]。

巴黎悠久的历史之中尽是"震动全世界的电击"式的事件,从古罗马在此建城,到拿破仑在此指点江山,俾睨天下,再到轰轰烈烈的法国大革命、巴黎公社运动,有多少个"历史时间"点与巴黎叠合成一个具有世界历史意义的时空坐标;巴黎吸引了数不清的历代文化人,如巴尔扎克、波德莱尔、本雅明、萨特、福柯、海明威等,他

---

① 恩格斯.从巴黎到伯尔尼[M]//马克思恩格斯全集,第5卷.北京:人民出版社,1958:550.

们因喜欢巴黎的气质而来此居住或游历,他们受到巴黎生活和记忆的塑造,也在巴黎的精神和记忆里留下了印记;巴黎的城市景观有着巨大的魔力,从历史文化的城市记忆(如凯旋门、埃菲尔铁塔、罗浮宫、罗丹美术馆等)到"第二自然"的浪漫情怀(如香榭丽舍大街等随处可见的林荫大道),无不彰显其独特的生活节奏;同时,还有生活在巴黎的现代人,以及他们享受其中的咖啡馆和林荫道的日常生活,美术馆和博物馆举办的文化艺术事件;大学、图书馆等与高等教育和学术研究机构相配套的场所;大量的国际性会议、国际比赛和表演、各行各业的展览会都选在巴黎召开,吸引了许多国际组织、政府机关和品牌企业的总部设在巴黎。这一切共同构筑了巴黎生活的"场域"和文化的"范",孕育了其独特的城市精神:浪漫、创新与批判。

首先,巴黎的浪漫标签可谓众所周知。然而其浪漫并非是当街拥吻那种恣意的情感表达方式所能涵盖的,也不是"来到巴黎爱上它"一样的对城市的情感,它更是一种价值观:反叛者、边缘化的诗人、创新的艺术家这些在权威、物质享受和稳定中庸面前能够特立独行、追求自我个性的人更能获得认可和尊重。除了这种价值观的意义,巴黎的浪漫还关乎一种思维和论辩的方式:他们的对话不是要找出认识的共同点或利益的均衡点,也不是寻找真理,而是确认自己的真理。他们"以大无畏的精神提出原则,然后寻找理由或考虑其隐含意义。观点变成了理想,任务变成了让现实适应理想,而不是让理想适应现实"①。这样一种思维方式也可能与科学的、经验的方法背道而驰,但是却往往能推进科学的认识和实践的方法。卢梭的契约论便有着一种浪漫主义的色彩,他声称权力在"个人—国家—个人"运动路线上可以无摩擦、无阻力、无耗损地上传下达,且不说其在操作层面的可能性,以及各个政治环境的现实基础,但看其在世界范围内所掀起的自由、民主运动的大波澜便能够窥得这一浪漫主义理想的影响力。即使它没有完全改变社会的现实,以俯就它的契约论理想,也对世界历史和政治的现实产生了深刻的影响和改变。斯密的市场理论也有着类似的浪漫主义痕迹,他称"看不见的手"可以在自利的"个人与个人"之间进行调节,使得"私人的恶德转变成公共的利益"。虽然市场有其失灵的先天缺陷,但是其具浪漫色彩的理论所构造出来的"市场"对资源的配置方式却比传统的"习俗"和"命令"两种方式有着根本的超越。正如波普尔所言,"理论是随意创造出来的",它在被创造出来之后再接受现实的检验、证伪或修正。这种"随意",这种"大无畏",这种无视严密逻辑的初创过程便是巴黎浪漫的一种内核,它也在一定

---

① [加]贝淡宁,[以]艾维纳.城市的精神[M].吴万伟,译.重庆:重庆出版社,2012:271.

程度上成为批判和创新的精神动力。

其次,创新和批判在巴黎的城市精神中也有着很好的彰显。在最浅层的生活和习惯领域,巴黎人都最讨厌老一套。"在巴黎,相近的建筑中很少找到两栋一样的大楼,临街的大楼都有阳台,阳台上的铁栏花纹都不一样,这种创新表现在它追求自己独特的个性。"①他们个性和品位当中就暗含着一种追求不一样,追求个性,追求创新的习惯。技术方面,巴黎从 17 世纪开始便不断积累着自己在制造业工艺方面的声誉,自第二次世界大战以来科技创新逐渐树立了"法国制造"的精品标签。在高档服装、香水、葡萄酒、工艺品等领域,巴黎都代表着"世界最好"的水准,它的奢侈、高端、时尚都是以其遥遥领先的科技创新和精湛的工艺为基础的。为保护和推广转化科技创新,巴黎具有强劲的政策支持。早在 1791 年法国即颁布了《专利法》,1992 年编成《知识产权法典》,1996 年通过"促进研究及技术创新法"等。新世纪伊始,法国提供 15 亿欧元的资金支持工业创新。在设计和艺术创新方面,巴黎的家具、建筑设计等方面都体现着浪漫情怀和创意格调,这种艺术、技艺和设计上的创新与科技的创新杂糅在一起,共同铸就了巴黎产品的国际声誉。除了生产和生活领域的创新精神之外,巴黎人还富有批判精神。在传统与现代、理性与感性、包容与批判之间保有独特的张力,这种张力孕育了激进的社会理想和革命精神,在欧洲封建势力最根深蒂固的巴黎成就了轰轰烈烈的革命狂潮,他们以批判精神和献身精神为全世界翻开了新的篇章;它还孕育了一代接一代的法国式的思想家,如卢梭、波德莱尔、萨特、鲍德里亚等,他们以巴黎的批判眼光审视世界、审视生活的时代,以最前卫和最具活力的思想和语言直逼活生生的现实。

三、巴黎的城市创意元素

巴黎以其 2000 年的发展历史成为世界上最古老的现代城市之一。城市与人具有十分相似的特征,随着经历和记忆的增加,上了年纪之后会不由自主地生长出固化的东西,阻碍认识的进步和创造性的生成。每一个人和每一座城市都具有这种风险,而创意大师能够化解知识和阅历带来的缰索,并将这一切转变成活化的智力财富,不断地进行思想和学术的创新(这种创新既有其深刻性,又不失其先进性);创意型城市则能够把辉煌历史所积淀的文化包袱转变成资源和财富,在创新

---

① 奚洁人,等. 世界城市精神文化论[M]. 上海:学林出版社,2010:136.

的城市精神引导之下,不断地前行,并创造出一波又一波"震动全世界的电击"。巴黎是世界上少数几座"既上了年纪又保有年轻活力"的城市之一。巴黎城市当中的创意元素是其最宝贵的财富,其中主要有以下几个方面。

(一)深厚的历史与文化底蕴积淀下绚丽的景观

巴黎是世界最古老的城市之一。从古罗马在此建造宫殿,到拿破仑时代的世界首府,再到影响了世界的法国大革命,乃至第一次世界大战、第二次世界大战。这些世界性的历史记忆在巴黎城内留下了烙印,其中埃菲尔铁塔、巴黎圣母院、罗浮宫、凡尔赛宫、罗丹美术馆、毕加索博物馆、凯旋门、香榭丽舍大街等世界遗产和3 800个法国国家遗产便是这些历史的遗存物。经历了历史和文化洗礼的巴黎,以其尺寸之地积累着2000年的历史时间印记,城市地点和空间在时间的绵延之中形成了一种纵深、一种景观层次的丰富、一种文化精神的充盈。这成为巴黎最宝贵的财富,其中潜藏着大量的文化资源和创意元素。

(二)时尚与保守的生活张力延续着吸引创意人士的格调

巴黎是一座充满张力的城市,其中时尚产业所彰显的前卫、新潮、开放、包容与文化、艺术和工艺当中所坚守的那份保守和骄傲形成了一种强大的张力。巴黎是奢侈品的天堂,是金钱、权力、高雅的代名词,但是它却不排斥穷人。"富人可以一掷千金地快活,背包客也可以找到合适的消费。"咖啡比较贵,但是点一杯可以坐一天,没有人撵也没有人干扰,游客、作家、艺术家喜欢那里安静的气氛和浪漫的节奏,它刺激人的创意。在城市空间布局上,这种张力也存在。"流经巴黎的塞纳河水将整个巴黎市区一分为二。河的南岸被称为左岸,河的北岸为右岸。右岸以其金钱、贸易、权力和高雅,形成了巴黎的贸易、金融和消费中心。那里是成功者的乐园,是繁华、靡费、成熟、优雅的象征,但左岸以其活力和知识而取胜。那里,活跃着索邦大学和拉丁区的青年学生,聚集着蒙帕纳斯的画家和诗人,当然也少不了圣日耳曼街的哲学家。即使在把古老的街区逐步纳入现代化的今天,青年和学生依然是左岸的象征。"[①]正是这种张力吸引着各种各样的人聚集和生活在巴黎,他们使巴黎成为创意人士喜爱的城市。

---

① 奚洁人,等.世界城市精神文化论[M].上海:学林出版社,2010:156.

（三）教育和城市的文化意识培育着居民的文化自觉

巴黎是高等教育聚集的城市，其中坐落着巴黎大学（总共有"巴黎第一大学"到"巴黎第十三大学"13座）、索邦大学、左岸的经院哲学中心，以及巴黎圣母院（巴黎高等教育中心）、国家图书馆、歌剧院图书馆、卢瓦图书馆、阿森纳图书馆等教育设施和机构。来自世界各地的学生，或居住或游历的诗人、画家、哲学家等文化人，他们生活在面积不大的巴黎，在街头巷尾和咖啡馆进行交流。巴黎的政府也重视文化建设，保护历史古迹，人文景观数量可谓世界之最。其教育和各种文化设施（如博物馆）会定期地采取低价政策让人们低价（甚至免费）参观。其最基本的市政建设也要彰显艺术的感觉，甚至连公共汽车的站台、街头书报亭都招标设计师，在工业的建造之中糅进艺术的设计，更不用说香榭丽舍大街等更加宏大的景观了。可见，巴黎从大学到街头书报亭，从教育和文化政策到最日常的生活设施，从文化景观到城市的角落都蕴含有文化的和艺术的格调。城市的文化意识引导和培育着居民的文化自觉，这也成为巴黎无可比拟的创意元素。

总之巴黎认识到，在感觉化的时代，人们逐渐形成了感觉化的消费偏好，他们对情节、故事、想象和体验有着近乎痴迷的追求。巴黎的文化遗产和城市精神格调提供了这种故事性和体验性，正如海明威说的，这种体验会伴随巴黎人的一生，不管他以后去到哪里。巴黎的浪漫情怀和时尚格调，造就了特殊的、无可替代的节奏和环境，使得整个巴黎城市充盈着一种"虚拟与想象"的市场创意，这种市场创意在有意识的保持和运作之下使得巴黎成为与众不同的创意型城市。

第二节　"一与多"的市场聚合

与巴黎的古老相对的是洛杉矶的年轻。美国是一个年轻的国家，坐落于美国西部的洛杉矶更是年轻国家的年轻城市。在经济和文化方面，洛杉矶与巴黎有着迥异的风格，却也有着其不一样的创意气质。通俗化和商业化的大众娱乐业支撑起洛杉矶的城市经济，并在全球范围内营造了独一无二的影响力。其创意来自其"文化熔炉"的聚集效应，城市精神之中洋溢着"淘金"的世俗欲望和大众娱乐的疯狂体验,城市高等教育、创新政策和对多民族外来文化的包容也成为洛杉矶城市创意的强大支持。

一、大众经济:通俗化、商业化和高科技

(一)概况

洛杉矶位于美国西部南加州地区,是仅次于纽约的美国第二大城市,但是它并不是一个单独的城市,而是由大约 100 个"同核小城"组成的大都市(城市群),城市群并没有一个起支配作用的中心,各小城有不同程度的自治权力。洛杉矶是一个世界种族的大熔炉,据称,这里生活着几十个人种,使用上百种语言。其中唐人街、巴西街、小东京、墨西哥城、韩国城等聚居着来自世界各地的不同人种。洛杉矶城市群在布局上是十分具有特色的,它不像一般的大城市那样有明确的中心、腹地和外围,它的布局是相对松散的。蔓延开来的城市在各小城之间并无明确界限,高速公路四通八达、纵横交错,其间散布着具有民族风格的景观地点。洛杉矶因 19 世纪的"淘金热"和石油发现而迅速成长为城市,并在"二战"后逐渐崛起为特大城市,电影产业、航空工业、金融业和商业的聚集使得其成为具有世界影响力的国际城市。尤其大众娱乐(如电影、电视、音乐)产业,使得洛杉矶具有了引领全球的国际声誉。

洛杉矶的城市经济有着几点与众不同的地方。①布局松散的多中心模式,这与芝加哥学派所总结的"城市由核心区域向外辐射发展"的"芝加哥模式"不同。洛杉矶拥有多个城市中心,城市布局划分为不同的功能区,这样一来多中心的辐射缓解了城市扩张带来的成本。同时,由于多个中心的相互影响,洛杉矶地区的城市经济与郊区经济的融合更加深入,形成了更加和谐的共赢模式。②洛杉矶经济的开放程度很高,"无论是经济上与海外市场的联系程度,还是文化上的多元性,洛杉矶都无愧于一个'国际开放城市'的称号。发达的港口贸易为洛杉矶发展开放型经济提供了得天独厚的自然条件,然而和其他以外向型经济为主的城市不同,洛杉矶拥有两个既相互竞争又分工合作的独立的港口:洛杉矶港和长滩港"。"一城双港"的模式使得洛杉矶逐步发展为"美国第一大港口和环太平洋经济圈的核心城

市"①。③产业升级的过程顺畅自然,从金矿、石油的开采产业,到西部大开发的铁路产业、汽车产业,再到高科技产业的蓬勃发展,乃至如今文化娱乐和体育产业的方兴未艾,洛杉矶的产业升级都是积极的创新过程,适时地把握了机遇和挑战。

(二)汽车、航空等高科技产业

洛杉矶是汽车产业的发祥地之一,或者也可以讲,是汽车产业的兴盛才支撑起了洛杉矶的腾飞。城内和城际的高速公路,加州一年四季慵懒的阳光,让人很自然地把洛杉矶与汽车联系到一起。洛杉矶松散的城市布局与其"车轮上的城市"美誉之间有着千丝万缕的联系。美国汽车,和日产、欧陆汽车品牌大多在洛杉矶地区设有美国地区的营运总部,它们在此设有设计室以便于了解汽车产业的风向和潮流,这使得洛杉矶俨然成了底特律之外的美国又一个汽车之城。我们在前面已经研究过底特律的城市发展情况,汽车产业造就了底特律的辉煌,也铺设了其下行的道路。原因就是单一化的经济结构和僵化的大企业控制逐步地泯灭了城市的创新能力,从而使得底特律无法应对任何一点外来的变化和冲击。而洛杉矶则完全不同,其汽车产业虽然也举足轻重,但是却不是唯一的支柱产业,城市居民也没有被几大汽车产业的福特化组织方式所绑架,因而经济活力依然充沛。

洛杉矶的崛起得益于其金矿和石油资源,但是它的成功之处却在于其不断地创新和发展。在美国"西进运动"的机遇之下,凭借其便利的交通迅速建立了现代工业,汽车产业便是其主导。然而,汽车产业的成功并没有让洛杉矶如底特律一样走上僵化的产业结构模式,它积极适应后工业的时代要求,拓展了航空航天、电子信息等科技含量较高的产业。洛杉矶拥有的科学家和工程技术人员数量在美国常年居首,高科技的新企业也不断地涌现,因此有"科技之城"的称号。它的高科技产业还受到多方面的支持:洛杉矶发达的金融体系和商业环境提供了融资的便捷,金融产业比较发达;全球著名的加州理工大学和加利福尼亚大学洛杉矶分校都坐落在这里,为高科技产业提供了源源不断的人才和科研成果;经济的开放和文化的多元化提供了一个包容的环境,为科技创新营造了良好的氛围。

---

① 徐井宏,等.转型:国际创新型城市案例研究[M].北京:清华大学出版社,2011:123-124.

（三）电影等大众娱乐产业

现代洛杉矶之所以闻名遐迩,其电影产业功不可没。在现代文化娱乐产业的时代,洛杉矶得以引领世界的经济发展潮流,电影产业可谓居功至伟。提起好莱坞、迪斯尼、梦工厂、环球影城,谁人不知,无人不晓。好莱坞电影走出了数不清的业界大亨,一个接一个的电影企业巨头在此发家,卓别林、迪斯尼等大师在此成就了非凡的事业,也给全世界的人们提供了文化和视觉的盛宴。洛杉矶电影产业除了销往全球的影视作品之外,它还生产一种特殊的商品:地点。它以主题公园的形式,把虚拟的世界现实化,把电影当中的形象搜罗进环球影城,给人一种非凡的体验;它把迪士尼公园销往全世界,这样一种"把别处搬来此处"的地点跨时空展示是一个巨大的创新。

除了电影产业之外,体育产业也给洛杉矶经济贡献了巨大的力量。棒球中的洛杉矶道奇队,NBA 的洛杉矶湖人队、洛杉矶快船队的不朽战绩支撑起了洛杉矶的体育产业。1984 年洛杉矶奥运会改变了奥运会的举办模式,之前的奥运会只是一个体育的盛会而已,会给主办城市带来沉重的财政负担,而 1984 年,洛杉矶的商界奇才尤伯罗斯创造了奥运会的商业化运作模式,通过广告赞助、会展、竞拍转播权等一系列的经济运作使得奥运会成为经济的盛会。在这一思路的启发之下,体育产业也成为城市商业的中坚力量。湖人队曾经虏获了多少中国篮球爱好者的心,它通过转播权、广告费为洛杉矶在全世界赚取了大量的利润。道奇队更是具有辉煌的战绩和狂热的粉丝(棒球在中国的球迷相对较少,不如 NBA 一样家喻户晓)。电影娱乐产业、体育产业、会展经济、事件经济、体验经济这些现代经济最具有盈利能力的商业运作模式被洛杉矶发挥得淋漓尽致,这不得不归功于其经济上的创新能力。

二、洛杉矶精神:世俗主义的典范

洛杉矶的城市精神当中洋溢着年轻的朝气,它充满着世俗的物质欲望和娱乐的精神追求。由于年轻,它有着先天的包容性,它不以高雅或通俗论高下,也不会立足文艺而贬斥物质欲望。正如画家彼得·普莱恩斯所言,"洛杉矶几乎没有什么可以让人颠覆的文化传统——尤其没有现代主义的传统"①。正是这种近乎无知无畏的年轻，使得它不需要去努力地破除传统的束缚，创新和创意的勃发便成为自然而然的事情。

（一）淘金的冲动

"洛杉矶是资本造就的终极城市，绚丽而又浅薄，它否定着欧洲都市所具备的每一种古典价值。"②从最初的淘金热开始，借着其近邻"金山"（旧金山）的威名骗来了多少外籍劳工，使洛杉矶从荒凉的西部边城筑成了繁华的世界大都市，其天际线也几乎变成了曼哈顿的模样。后来，土地开发商和银行家把目标转向了知识分子，他们发动文化攻势，以所谓的艺术资本投资，使得"精锐的大学各科系、博物馆、艺术杂志和基金会都被团结在一起，形成了一个富裕的、体制化的基体，一门心思只想建成一座不朽的文化纪念碑，好帮着把本市推销给海外投资商和富裕的移民群体"③。在戴维斯的笔下，洛杉矶不只是一座城市，它本身就是一个商品，被推销给全世界。"逐利而动的人"和"极力推销的人"一起把洛杉矶推销展示给全世界，他们先吸引劳动者建造了洛杉矶的铁路、公路和平地而起的城市，又吸引了一批艺术家以其"文化声名"塑造了洛杉矶的"世界城市"面貌，还给它涂上一层"波普"的绚丽外表。然而，有趣的是，他们对洛杉矶的推销从来都是赤裸裸的，鼓吹世俗主义的物质追求，招徕具有这种原始冲动的人士前来"淘金"。

从另一个角度来讲，从全世界聚集而来的"侨民"也是本着一个"淘金"的神话而来，他们心中涌动的正是世俗主义的野兽，叫嚣着要在这心中的"金山"实现一个所谓的"美国梦"，希望自己能够像平地而起的洛杉矶一样白手起家。洛杉矶确实铸就了辉煌的成绩，从世界各地汇聚而来的人们也多少有了自己的生活，并得到了一定的承认。好比一个"石头汤"的故事：一群士兵夜宿一个偏僻的村落，没有了粮食，他们便架起一口锅，添水煮石头。村民好奇，问他们在干什么，士兵一边很认真地添柴拨火，一边说是要煮一锅非常美味的石头汤，现在还差一点调料、食材。村民被石头汤的美味勾起了馋虫，非常想尝一尝这美味的汤，便积极地提供调料、食材。最后石头汤煮好了，大家也都喝上了美味的石头汤。洛杉矶的建造也仿佛是

---

① ［美］戴维斯.水晶之城：窥探洛杉矶的未来［M］.林鹤，译.上海：上海人民出版社，2009：85.
② ［美］戴维斯.水晶之城：窥探洛杉矶的未来［M］.林鹤，译.上海：上海人民出版社，2009：23.
③ ［美］戴维斯.水晶之城：窥探洛杉矶的未来［M］.林鹤，译.上海：上海人民出版社，2009：23.

煮了一锅石头汤,也许有人像戴维斯一样审视"这不是一天建成的"洛杉矶到底是谁的功劳,更有一群新兴的马克思主义学者自称是"洛杉矶学派",他们充满兴趣地探寻城市中的冲突和不平等。但是,无论如何,洛杉矶成为了世界性的大都市,其经济仍旧有着年轻的朝气,其中的人们各有贡献并求财得财。

(二)娱乐的精神

洛杉矶所生产的是作为商品的图像,这一图像既包括电影、电视,又包括主题公园、体育赛事,甚至从一定意义上说,洛杉矶城市本身就是一个图像,一个供消费的图像。加州阳光、敞篷车、高速路、环球影城、迪斯尼乐园、湖人队的 NBA 赛事、道奇队棒球的不朽传奇,这一切都显示着一种年轻人的娱乐精神。它与拉斯维加斯的奢华不一样,与巴黎的浪漫也不一样,它给人的印象是一种大众化的娱乐方式,不需要一掷千金的财力来消费,也不需要高雅的文化知识来审美。洛杉矶的文化产品和体育产业所提供的是通俗化、大众化、商业化的消费和娱乐,它以经典的电影和电视培育和塑造了你的偏好和趣味,又以环球影城、迪斯尼等的休闲娱乐产业再满足你被创造的需求,哪里还需要你学习文化知识再来消费呢。

三、洛杉矶的城市创意元素

巴黎的创意主要来自其深厚的历史和文化底蕴,而洛杉矶的情况与巴黎刚好相反,其创意恰恰由于其历史的空白。在这样一种"几乎没有任何文化传统"的空白之中,现代的和世俗的力量得以无拘无束无碍地通行,资本不断推动商业的创新,并赋予了它商品化的创意,创意在这里成为一种投资的结果。包容态度和多元文化的融合使得对创意的投资成为可能,而一旦没有了这块"石头",没有了他们积极的"调料和食材"贡献,洛杉矶能否煮出一锅"石头汤"将是十分值得怀疑的。

(一)"无传统"和世俗主义的欲望涌动

年轻的洛杉矶基本上没有任何文化的传统,城市精神之中没有任何束缚人性的历史遗存物。它有的只是赤裸裸的世俗追求,人们普遍的怀有一颗"俗心",这颗心毫无掩饰地追逐物质的利益和享受,既没有附庸风雅的闲情,也省却了世俗欲望面前的矜持。"19 世纪中期,地处美国和墨西哥交界的加利福尼亚州发现了金矿以后,探险者难以抵挡黄金的魅力,开始大量涌入这个历史上一直荒凉的西部地区。"①随后洛杉矶产业的升级过程中,采矿业、铁路、汽车、电影、体育等,无不彰显着"淘金"的冲动。这一世俗主义的城市精神是其城市创意和创新成果的一大动因,它催动着城市不断地前进。

(二) 对创意的投资

洛杉矶可谓是创意型城市当中最自觉的,它的崛起之路上基本上没有多少历史的积淀,也没有多少自发的创意元素。其创意的发展和带来的效益或多或少可以理解为一种投资的结果。它以短短百年时间,打造了高等教育体系,全球著名的加州理工大学和加利福尼亚大学洛杉矶分校都坐落在这里;它对私人不愿涉足的基础科研领域积极投入,为社会创新体系提供必要的公共物品;它通过免税和基金资助等手段吸引了非营利性的文化团体,招徕了一大批艺术的、文化的创意阶层;它提供完善的专利和版权保护,并以较少的内容管制激发和活跃个体的创新;它给中小企业以尽可能多的帮助,减少它们的融资成本,提供风险投资渠道。所有这一切,洛杉矶都做得很成功,它在几乎空白的历史画布上留下了浓墨重彩的一笔,这一笔是值得现代的创意型城市建设好好学习的。这一过程当中,资本起着积极的作用,在这里起作用的资本又不是简单的资本,它因创意地支配而超越了资本逻辑的短视和自我矛盾。然而它精心建立的成果能否维持,还需要看这种创意能否维系。

(三) 多元文化的大融合

洛杉矶是多元文化的大熔炉,"洛杉矶地区存在着亚裔、非洲裔以及拉美裔等多种族群,他们使用着 220 种以上的语言,信仰着世界上的绝大部分宗教"②。"洛杉矶半数以上的人口是少数民族,并且大量的人口是外来移民,他们在洛杉矶构筑自己的社区,获得了社会的承认,反过来也为这个城市的文化多元性做出大量的贡献。除了种族以外,洛杉矶对于艺术家以及社会边缘群体也尽可能宽容,并且竭尽可能地提供方便,例如它允许使用二十多种语言进行驾照考试。"③这样一种包容

---

① 徐井宏,等. 转型:国际创新型城市案例研究[M]. 北京:清华大学出版社,2011:117.
② 徐井宏,等. 转型:国际创新型城市案例研究[M]. 北京:清华大学出版社,2011:114.
③ 徐井宏,等. 转型:国际创新型城市案例研究[M]. 北京:清华大学出版社,2011:135.

的心态使得洛杉矶获得了最根本的创意源泉,当洛杉矶的多元文化能够和谐共处的时候,也就是其创意和创新最蓬勃不息的时候。

总之,年轻的洛杉矶城以其时空概念上近乎空白的历史和文化,聚合起足以令整个世界为之侧目的国际大都市的分工个体、文化和娱乐产业,来自整个世界的资源、全球顶尖的创意团队。它用一个整体的运筹模式和战略框架聚合了多样性和碎片化的市场冲动;以一个专门化、一致性的组织超越了市场经济活动的无序性、重复性和临时性;以一个统一的、目标明确的城市创意形成一个串联起整个城市产业的轴心项链。洛杉矶的城市发展过程以及目前的运作模式使得它很好地诠释了"一与多"的市场聚合原理,并成为现代创意型城市的经典代表。

第三节 "时间与空间"的市场叠加

如果说巴黎是古典的,洛杉矶是现代的,那么都柏林则是一个综合体,古典与现代很好地契合在一起。都柏林的城市景观是四维立体的,不同时代的经典建筑错落有致地矗立在"利菲河"畔,它让人能在空间之中看到时间的存在和流淌。都柏林是文学之都、音乐之都,各个时代的文学家、音乐家的声名仍在,城市对他们的记忆积淀在城市的古典气息之中;同时都柏林又是年轻的,高科技产业集聚在这里,世界各地的年轻人生活在这里,酒吧夜生活丰富多彩。

一、弥漫文学气息的"欧洲硅谷"

(一)概况

都柏林是爱尔兰共和国的首都,金融中心,文化和教育中心,也是爱尔兰最大的制造业城市,有酿酒、服装、纺织、化工、大型机器制造、汽车、冶金等工业。其中,很多高科技企业聚集在这座城市,使它享有"欧洲硅谷"的美名。都柏林是 20 世纪末和 21 世纪初爱尔兰经济增长奇迹的中心点,这一时期爱尔兰经济经常保持两位数的增长,被称为"凯尔特之虎"的年代。都柏林拥有丰富多彩的夜生活,城市里充满了各式各样的酒吧和酒馆,据称是欧洲最年轻的城市之一,50%的居民年龄不到25 岁。

都柏林具有深厚的文化底蕴和生活气息,这方面它与巴黎或可匹敌,只是其风格稍有不同。都柏林的节奏和氛围更加的舒缓和睦,音乐和文学气息与古老的建筑和艺术作品里的情境交融在一起,虽没有巴黎那么浪漫、时尚,但也同样吸引人。这样的节奏和生活气息造就了许多大文豪,其中有获得诺贝尔文学奖的威廉·巴特勒·叶芝、萧伯纳和塞缪尔·贝克特,还有鼎鼎大名的奥斯卡·王尔德、乔纳森·斯威夫特和詹姆斯·乔伊斯。都柏林造就了他们,也留下了他们的印记,乔伊斯的名著《尤利西斯》描写了都柏林,也塑造了都柏林,"布卢姆节""乔伊斯炮台"纪念馆也成了都柏林的标志。除了这些已经为人们所熟知的文学家之外,还有大量的文学家、文人、文学爱好者生活在城市当中,更有许多诗人、画家、音乐人流连在圣殿酒吧区(Temple Bar)的街道和酒馆之间。这一切,在场的和不在场的人和他们往昔今昔的生活共同构筑了都柏林的城市之魂,营造了那每一寸土地和每一口呼吸的空气当中弥漫的文学气息。

除了文学的浓郁氛围之外,都柏林还是高科技产业的集聚地。世纪之交被称为"凯尔特之虎"的经济腾飞奇迹便是由于其高科技产业为城市经济插上了翅膀。这里坐落着著名的圣三一学院和都柏林大学,许多来自世界各地的科技人才在此就读。国家的"科学技术与创新战略"和爱尔兰科学基金会为他们提供学术奖学金、便利的移民申请、高薪和舒适生活的待遇,这些政策和措施为都柏林吸引了大量的尖端人才,许多知识密集型的公司纷纷尾随人才而来,其中英特尔、惠氏制药、安进公司先后在这里建立了实验室和技术中心。

(二)圣殿酒吧区(文化角)

圣殿酒吧区是都柏林的核心区域,它坐落在利菲河附近,介于圣三一学院和都柏林城堡之间。这一 30 公顷的狭小空间成为文化艺术的荟萃之地,许多文化中心和画廊集聚在附近,剧院、酒吧更是数不胜数。这里不仅是都柏林的文化中心,而且是最具活力和生机的文化角。这里全天候免费演奏爱尔兰音乐,咖啡馆、酒吧、餐厅满足人们不同品位和层次的消费。其中,圣殿酒吧有着近 200 年的历史,店里琳琅满目地摆着各种各样的酒。最开始,这些紧凑的街道是商人、手工艺人、艺术家展示和销售他们作品的地方;接着,一些印刷商、出版商和音乐制作人、文具店来到这里;后来经过一段时间的闲置,较低的租金吸引了大批文艺的活动和组织进驻这里,其中包括艺术工作室、画廊、录制和彩排工作室、酒馆、咖啡馆和小餐馆。①
这些陆续进驻的人们给这一狭小的区域增添了混合的元素,圣殿酒吧区也就逐渐
地活跃起来,许多中小企业在这里萌芽成长。这种高密度的集聚性和多样性,以及
年轻文化(以艺术工作室、剧院、影音工作室、咖啡馆、酒吧为标志的文化群落)使得
这里一度被称为"都柏林的左岸"(意指可与巴黎的左岸相媲美)。后来成立的"圣
殿酒吧区发展委员会"积极的为该区域以"文化角"(cultural quarter)的形式进行
革新而奔走游说。他们积极地营造公共空间,打造对大众免费的户外文化事件和
节庆活动,以期把文化引导的城市革新、市政基础设施的革新、城市管理、本土企业
的发展与文化产业和夜晚经济紧密地联系起来。他们曾经一度以高调的姿态招标
设计、推行计划,鼓励和支持中小企业和文化产业,刺激夜晚经济、城市文化和丰富
的街头生活。圣殿酒吧区的文化经济和其对城市活力的营造对"凯尔特之虎"的经
济腾飞有着不可忽视的作用。

二、都柏林气质:古老与年轻的契合

很难找到另外一个地方,像都柏林一样有如此多的酒吧,又有如此浓郁的文学
气息。文学和建筑的记忆从历史深处绵延而来,年轻人、高科技、音乐和夜生活又
洋溢着现代的节奏。无怪乎都柏林被称为"弥漫着文学气息的欧洲硅谷",它体现
着古老与现代的完美契合。这种契合已经深深地印在都柏林的精神气质当中,印
在都柏林人的血液和骨髓里。因此,乔伊斯在其名著《尤利西斯》中称,"在都柏林
毁灭后,爱尔兰人能毫不走样的重建一个神形兼备的都柏林"。②

都柏林的古老源于它的历史与文化,源于城市时间绵延所积淀下的城市景观
和城市精神。维多利亚时代的建筑,乔治王时代的风格在现代的都柏林都有所呈
现和保留,虽然城市建设曾经一度侵害到古老建筑,后经市民和非政府组织的积
极争取,形成了保护文化遗产的城市政策取向。如今,圣三一学院、圣帕特里克大
教堂、都柏林城堡这些古老的建筑成为了都柏林的地标性建筑,各不同时代的建筑
罗布在现代的城市里,仿佛时间的画轴在此展开,甚至连有些酒吧(圣殿酒吧)都有

---

① John Montgomery. A review of four cultural quarters in the UK, Ireland and Australia [J]. Planning, Practice & Research, 2004, 19: 3-31.

② 陈丹燕. 我要游过大海[M]. 上海: 上海人民出版社, 2010: 158.

着一百多年的历史。除了这些历史遗存物,都柏林的"古老"还藏在一代接一代人的精神传承里。古老的凯尔特人的神话,一代代诗人和文学家所讲述的故事,连同酒馆和街头巷尾所弥漫的文学气息都述说着这个古老城市的故事。八百年的殖民统治,也许是爱尔兰政治上不堪回首的灰色记忆,但是在文学上,爱尔兰却统治了英语文学八百年。都柏林以小小的城市养育了大批的文学大师,单诺贝尔文学奖得主就有四位,其中还不包括如今备受喜爱的乔伊斯。这一切都是都柏林古老的记忆和财产。

都柏林的年轻,一是它的市民年龄结构以年轻人为主,25 岁以下的居民占50%,被称为欧洲最年轻的城市。这些年轻人很多是圣三一学院和都柏林大学的学生,他们来自世界各地,希望在这里攀登科技的顶峰。都柏林人是公认的辛勤工作的典范,他们以年轻人的朝气追逐学术、科技和经济事业的梦想。工作之余徜徉在弥漫着文学气息的街道,在酒吧里尽情地狂欢,在咖啡馆里获得休闲和放松。二是这些年轻人的生活方式引领着这个城市的精神,音乐和文学的结合带来了舒缓和睦的生活节奏,开放性的城市胸怀吸纳了年轻的血液,高科技的企业也提供了年轻人工作和一展才华的机会。

古老的建筑和文学传统,高质量的大学教育,文学和音乐营造的舒缓和睦的生活节奏,酒吧夜生活增添的激情,高科技和年轻人所定格的先锋格调,这一切构筑了都柏林的双重性格,古老的元素和年轻的元素很好地契合在一起。它提供着创意的灵感,塑造了美好的生活和充满朝气的经济发展。

三、都柏林的城市创意元素

都柏林以其古老与年轻的契合,形成了富有创意的城市精神。古老的文学和音乐的传统积淀出一种文化的厚重,而现代教育、高科技产业和人才的集聚则营造出一种年轻的激情。在这种富有张力和冲击力的生活节奏里,人们的创意不断地受到激发、实现和消费。创意节奏和氛围的营造、创意人士的集聚、企业创新的激发在都柏林形成了一个人才库(talent pool)效应。这些构成了都柏林的创意元素,决定着城市经济的未来。

(一)音乐和文学的底蕴

作为"文学之都"(联合国教科文组织的"全球创意城市网络"项目认定其为"文

学之都")和"音乐圣都"(都柏林是欧洲一个重要的音乐中心,爱尔兰的音乐多半是不插电的模式,他们在酒吧里边喝酒边演奏)的都柏林以其深厚的音乐和文学底蕴吸引着全世界的人才。这些从世界各地汇聚而来的人才有两类:第一类是从事文学、音乐等艺术工作的人,他们在都柏林的街头和酒馆里体验往日的大文豪笔下所记录的生活,寻找自己创作的灵感;还有一类人是年轻的科技工作者,对他们来讲,这里是最佳选择,是能够提供高科技研究和应用的城市当中,刚好又能够提供他们所喜爱的生活的。这两类人都是创造性的群体,他们的工作不是以按照规则执行命令而获得报酬的,他们以创造性的研究和创作而获得报酬。他们对生活的要求比较高,因为创造性的工作需要灵感的激发,需要一种特定的生活和工作的节奏。而这两类人的工作虽然各不相同,但是他们彼此之间的交流对工作具有十分重要的作用。都柏林以其深厚的文学和音乐的底蕴吸引了人才,这些年轻人集聚在一起,形成了一个高密度、多样化的活跃的生活圈子,他们之间紧密交往促进了创意的生成。

(二)教育和高科技的集聚

除了历史的资财之外,都柏林还积极地投入,营造了一种符合现代竞争特点的集聚模式。都柏林的教育和高科技是其打造创意型城市过程中的主要着力点。都柏林新任市长奥赛·秋林在接受《深圳特区报》的采访时坦言,"众多知名高科技公司看重都柏林的原因,是可以最便利地获得更多世界一流智力资源。教育对于都柏林的意义远超过其教书育人的基本功能,而是城市甚至是国家振兴的战略考虑,而未来如何继续打造一个市民和知名跨国公司趋之若鹜的城市,将是他最大的政治关切"[①]。在市政和爱尔兰科学基金会的推动之下,都柏林的生物科技和信息技术有了实质性的发展。惠氏制药在这里建立了世界上最大的生物制药园区[②],微软、英特尔在都柏林设有分支机构,谷歌、Facebook、LinkedIn也陆续入驻。这些高科技企业的大量入驻在都柏林形成了人才库效应:教育产业集聚的高科技人才吸引了顶尖的高科技企业入驻,进而又吸引了更多的科技人才和更多的其他企业。都柏林市中心还建立了数码港,它"是爱尔兰在数字领域的旗帜项目,建立数码港

---

① 孙锦. 都柏林:弥漫文学气息的"欧洲硅谷"——访爱尔兰都柏林市市长奥赛·秋林[N]. 深圳特区报,2013-10-22。

② 周小玲,编译. 来自凯尔特之虎的吸引[J]. 世界科学,2007,(3).

的目的是支持创新型数字媒体企业的发展,推动经济沿着科技价值链发展。……为处于成立初期,但发展迅速的公司和那些已走上轨道的企业提供尖端的启动设备和一个注重知识、创新和创造力的社区环境。"①当地的创意环境很容易孕育新的企业,在其起步之时需要天使投资等融资支持,都柏林对这些中小企业给予积极的支持。这一切市政的努力为都柏林打造了一系列的创意元素,为创意型城市的发展贡献了重要的基础性力量。

(三)文化角的孵化功能

以圣殿酒吧区为中心的文化角,给都柏林的创意经济提供了一个很好的孵化器。文化角所提供的,实质上是一个包容的、多样化的、高密度的、活跃的公共空间,它给予的体验和节奏都是真实的和鲜活的,不插电的即兴演奏音乐、酒吧和咖啡馆里面对面的交谈,这些元素都让人很自然地活跃起来,进入肉体和精神的双重狂欢节奏。在这种节奏里,文化被生产,被展示,被消费,人们的创意灵感被激发出来。于是,"文化角"成为了一个充满活力的创意孵化器,在这里,新的产品、新的机会被开发出来,人们讨论它、尝试它、验证它。城市所提供的人口密度为这个小区域增加了人员的流动和异质性、多样性的交流。创意人士的汇集逐渐地塑造了这样一个文化角,它给予了地点以意义和身份认同,它给予了当地的人以一种陶醉感,给予了世界其他地方的人以向往。文化角作为城市中心的中心,是最具生命力和活力的孵化器,它形成了城市的灵魂和品牌,提供着源源不断的创意源泉。然而,文化角的发展也存在挑战,比如随着文化角的成长租金必然相应上涨,如果没有合理的应对措施,地产的发展必然要挤出许多文化组织和中小企业,他们的流失将不可避免地从根本上影响文化角的内核,从而也就使得文化角作为孵化器的功能失去了可持续性。能否克服这一挑战,需要市政长期的合理应对。

总之,都柏林以深厚的文化底蕴和现代的科技气息共同构筑了一种时空凝缩的城市地点。在这里,时间带来了市场空间的放大,空间带来了市场时间的延展。这双向的动力驱使,使得都柏林的时间和空间压缩进消费者的生活圈子,给消费者带来了美轮美奂的心理体验,也给城市带来了巨大的市场订单。它以一种文化的厚重所凝聚的时间绵延和城市景观中现代与古老的二元融合形成了"时间和空间"

---

① 孙锦.都柏林:弥漫文学气息的"欧洲硅谷"——访爱尔兰都柏林市市长奥赛·秋林[N].深圳特区报,2013-10-22。

的市场叠加模式,这种独特的模式赋予了都柏林以世界创意型城市的实质。

第四节 "政府—中介—企业—消费者"的市场联动

格拉斯哥是创意型城市运动的先行者,早在 1990 年左右就积极地以"充分利用文化资源"为口号积极地打造创意型城市和文化经济。格拉斯哥的自觉要远比上述的三座城市都要深入,它明确地提出"创意型城市"(creative city)的建设口号。虽然洛杉矶、都柏林曾经做的和正在做的可能或多或少是格拉斯哥创意型城市建设的类似工作,但是格拉斯哥把它上升到理论自觉的高度。它召集创意大师借着"欧洲文化之都"年度文化活动的机遇探寻城市经济的出路,研究报告定义了"创意型城市",讨论了文化部门(产业)和创意型城市策略,这一切使得格拉斯哥成为城市复兴的成功案例,也成为创意型城市的典型代表。

一、创意型城市运动的先行者

格拉斯哥位于苏格兰中部,是联合国教科文组织"全球创意城市网络"项目的成员,被赋予了"音乐之都"的头衔,与另一个创意型城市"文学之都"爱丁堡是近邻。格拉斯哥是继巴黎和伦敦之后第三个人口达到百万的欧洲城市,它是工业革命时期的重要城市,近年来执行"文化引导"的城市复兴政策,逐渐成为欧洲十大金融中心之一,文化产业发展势头强劲,是从工业经济向文化经济(创意经济)顺利转型的代表。

1990 年,格拉斯哥被选为"欧洲文化之都"。这是一个年度头衔,是欧委会成员国为了弘扬欧洲文化,团结西欧各国而推出的项目,在格拉斯哥之前曾经有雅典、佛罗伦萨、阿姆斯特丹、西柏林、巴黎先后获得这一称号,格拉斯哥在 1990 年争得的是第六个文化年活动(the year of culture)。但是,格拉斯哥却是第一个利用此项目进行城市更新的,市政在活动中具有明确的目标,即利用文化年的活动把格拉斯哥推介到国际舞台上,积极地提升城市的形象和声誉,通过大型的文化事件和节庆活动拉动城市经济的复兴和转型。

　　世界著名的创意大师查尔斯·兰德利和他成立的 Comedia 曾经为格拉斯哥起草了一份研究报告《格拉斯哥：创意型城市和它的文化经济》(*Making The Most of Glasgow's Cultural Assets：The Creative City and its Cultural Economy*, 1991)。报告结合"欧洲文化之都"的活动探讨了城市的文化资源和发展机遇，讨论了文化产业的特性、趋势、政策理念和产业评估等方面的内容，提出了创意型城市的策略建议。他首先定义了创意型城市：在城市的经济运营、社会的活力发展、政治的制度安排三方面能够充分地体现创意思维的城市。而创意涉及实验过程、原创性、打破规则、跳出传统与习惯、从一个新的视角思考问题、从基本原则(first principles)出发思考问题、设想问题的未来场景与方案、在多样性中发现相同的思路、灵活地横向看待问题等方面。① 他们认为，格拉斯哥应该以新的创意的视角来看待文化年活动，不能仅仅将文化活动看成"把事件、秀、节庆集聚起来以供消费"，而应从这些文化活动中挖掘经济的价值，每一个文化部类(如设计、戏剧、电影、视觉艺术、音乐等)都是一个产业，商品和服务在其中生产、买卖和供求互动，附加的价值在其中被创造，而从生产到消费的过程中辅助的服务和组织也是必要的。市政需要积极地呵护文化工作者的创意，以及它们从创意的点子到可供消费的商品的顺畅转变。如果这方面的工作做得出色，创意工作者、文化企业、游客和城市声誉都会有所提升，而如果工作不到位则会导致人才、技术人员连带经济利益一起流失。

　　经过文化年的积极努力和后续的工作，格拉斯哥确实在文化引导的城市复兴方面做出了很大的成绩，"在后续的 15 年中，文化年所带来的城市形象和身份的提升是强劲的和持续的"②。创意型城市运动使得格拉斯哥完成了从工业城市到文化商务中心的顺利转型。③

二、格拉斯哥的行动：文化政策

　　格拉斯哥是工业革命时期的重要城市，后来由于整个世界经济产业的升级，以及城市中心的各种问题带来的郊区化趋势，使其同大多数欧洲城市一样经历了衰

---

　　① Landry. Making The Most of Glasgow's Cultural Assets：The Creative City and its Cultural Economy[R]. 1991：30.

　　② Beatriz García. Deconstructing the city of culture：The long-term cultural legacies of glasgow 1990[J]. Urban Studies，2005，42：841-868.

　　③ 董奇，戴晓玲. 英国"文化引导"型城市更新政策的实践和反思[J]. 国外规划研究，2007，31(4).

退,而格拉斯哥以文化引导的政策实现了经济的顺利转型。这主要得益于其有效的文化政策:一是通过采取优惠的税收政策,建设旗舰项目来吸引企业和私人的大量投资;二是政府通过与私人机构、地方社区组成合作伙伴组织,共同致力于城市的复兴战略;三是根据城市的特点和实际情况,对城市的发展和未来进行了准确的定位,并制定相应的城市营销战略;四是注重发掘文化方面的优势资源,以此推动城市复兴的目标实现;五是城市复兴中的设计与规划注重整体和可持续的原则,具有长远眼光。[①]

首先,格拉斯哥以跳出"文化即艺术"的肤浅认识,把文化产业和文化政策的视野投向更加广阔的领域,把所有有关创意、技术、高科技的产业都纳入进来,鼓励把文化的创意整合进产品和服务生产的经济领域。破除权威的文化组织的固执,打破了"草根的"和"正统的"艺术之间的壁垒,联通了文化创作和经济生产之间的分离,把创意和革新带进了产品生产领域。

其次,把城市看作文化资源的宝库,积极地从当地文化资源当中挖掘经济空间。格拉斯哥利用国际组织(如欧盟)的平台积极地营销自己,把城市文化当作景观和商品推介给世界,吸引了大批的游客来参加节庆活动和旅游。

最后,在交通、旅游、金融服务等方面与爱丁堡密切合作,这一方面形成了规模优势,格拉斯哥和爱丁堡的合作使得它们成为英国仅次于伦敦的艺术区;同时增加了多样化的元素和聚合效应,吸引了投资者、企业和创意阶层。[②] 因为,来参加"爱丁堡艺术节"的游客可以很方便地游览格拉斯哥,而来格拉斯哥的游客也可以顺道游览爱丁堡,这两座令人向往的城市成为了一对双子星。

格拉斯哥文化政策当中还有一个重要的方面就是对人才的教育和管理。世界最古老的十所大学之一的格拉斯哥大学,是具有顶尖的学术水准和全球影响力的古典大学,亚当·斯密、詹姆斯·瓦特等杰出校友曾经改变了世界。如今高等教育的实力和威名仍在,吸引着世界各地的优秀学生。在历史遗留财富的基础上,格拉斯哥以更加包容的政策吸引和培育人才,在高等教育之外还进行职业的培训,并建立基金管理和照顾创意人才的生活和事业。

---

① 李宝芳. 英国城市复兴及其对我国的启示[J]. 未来与发展,2009,(9).

② William F. Leve. 在竞争与合作中创建世界城市——以苏格兰中部地区城市为例[J]. 南京社会科学,2010(9).

三、格拉斯哥的城市创意元素

作为自觉的创意型城市运动的先行者,格拉斯哥具有许多可供借鉴的经验,其中,主要有以下几个方面。

(一)通过文化事件打造文化经济、事件经济

格拉斯哥的文化事件十分丰富,其中包括世界风笛大赛(每年8月举行,已有百年历史)、格拉斯哥电影节(每年2月举行,2005年创立)、凯尔特纽带(每年1月举办为期3周的民谣和音乐表演,1993年创立)、爵士音乐节(每年6月举办,1989年创立)、西岸节庆(每年6月举办,是创立于1996年的狂欢节)、商城节庆(每年7月举办,创立于2002年)、城南节庆(每年5月举办,创立于2008年)等①,这一系列的文化事件每年都有,在时间上一件连着一件。格拉斯哥十分重视文化事件和节庆活动,早在20世纪90年代就成立了专门的机构(Festival Unit)负责协调节庆期间相关各方面的工作。密集的文化事件吸引了全世界的目光,使得格拉斯哥逐渐成为欧洲的文化艺术中心,许多大企业积极入驻和投资,建造了更多的科学中心和会议中心,为文化经济、事件经济的进一步发展奠定了基础。

(二)地方政府、商业组织和志愿组织的通力结合

在创意型城市建设的过程当中,在地方政府主导下,营造了多方积极参与的氛围。以文化事件为媒介文化政策提升了市民的自豪感,保护和开发文化遗产的初衷也得到市民和各非营利性文化组织的认可和积极配合;文化政策所营造的氛围彰显了格拉斯哥的经济发展前景,大量的利益群体和私人资本也积极地参与进来;最终形成了地方政府、商业组织、自愿组织,以及广大市民通力合作的良好氛围。另外,格拉斯哥还与附近的爱丁堡等苏格兰中部城市建立了合作关系,在交通、旅游等领域密切合作,获得了外部效应内部消化的规模报酬。

(三)立足长远的城市营销战略吸引了创意人才

格拉斯哥的文化引导型城市复兴战略向全世界展示了其文化资源,产生了对

---

① 维基百科:http://zh.wikipedia.org/wiki/格拉斯哥。

创意人才的吸引力。以文化活动为契机和手段,经营和改善城市的形象,逐渐在文化资源和文化活动的基础上建构了格拉斯哥的精神意象空间。良好城市形象,富有象征意义的城市景观,以及众多的文化节庆活动在市民和游客心中留下了记忆,这种记忆和想象逐渐地沉淀为城市的记忆和精神,在城市物质空间之外又拓展了一个精神空间,双重空间叠加的魅力吸引了众多的创意人才。

总之,格拉斯哥利用密集的、连续的事件活动逐步地营造了城市的良好形象和品牌,以一连串的文化活动获得了城市内几乎所有主体的自豪感和积极参与的热情,以政府主导和创意大师的出谋划策形成了政府、中介、企业和消费者的市场联动,使得文化事件的策划、组织、参与,以及其中的事件经济效应在个主体之间取得了共建、共享、共赢的合作态度与和谐模式,最大化了"政府—中介—企业—消费者"的市场联动所带来的巨大和持久的经济创造力,赋予了格拉斯哥自觉地创意型城市的内涵。

第五章
文化经济：创意型城市的发端

创意型城市的提出，初衷是呼吁城市利用自己的文化资源推进城市更新和经济复兴。城市文化与经济的结合是经济发展的必然趋势。一方面，城市的发展需要从传统的制造业经济向服务经济、体验经济转型，新经济又要求对文化元素的积极接纳；另一方面，文化产业的特点使得它必然地往某一地点或区域集聚，像地点和文化有着深刻的关联一样，创意型城市和文化产业也有着必然的关联。由于文化与地点的关系、文化与经济的关系，创意型城市的发展必然历史地与文化产业关联在一起，并通过文化产业和经济体系彰显本土维度与全球维度的张力。

第一节　需求的变革与文化产业的兴起

社会的变革是历史的必然，需求的变革只是其中很小的一个方面。它受其他社会变革的牵引，反过来又成为引导经济变迁的重要一环。新的产品中日渐增加的韵味品质(本雅明语)，畅销商品的审美化和符号化(斯科特语)，无不彰显着需求的变革①。需求的变革与其他一切社会变革一样,都会带来联动效应。需求变革所带来的最直接的结果便是文化产品部门的兴起。它体现在两个方面:一方面,原有的产品(比如食品、家具、汽车)中带有越来越多的审美属性和符号属性;另一方面,文化产业(电影、音乐、出版等)的兴盛。除此之外,现代经济的生产过程也越来越体现出文化与经济的互动。

一、社会变迁和需求的变革

社会变迁是亘古不变的节奏,社会的形态、面貌和特点无不处在历史地变化之中。其中,工业社会的概念源自圣西门的论述,它指以有条理、有系统的方式把技术知识应用于社会事务。随工业社会而来的是技术工人——应用科学方面训练有素的专家,他们将在社会中行使权威。圣西门认为工业社会是一个计划和合理秩序的制度,在这个制度下,社会将指明其需要并组织生产要素来实现它们。从这个意义上来说,市场经济与计划经济并没有根本上的差别,组织方式上的差别并不足以掩盖两种体制下以"计划和控制所维持的秩序"为特征的共同属性。市场经济和计划经济的区别仅仅存在于企业之外的层面上。而在企业内部,现代主流的管理和组织模式仍然是计划式的,是机械式的控制。这在上文"创新的稀缺性与机械论隐喻"一节已做了详细的论述。丹尼尔·贝尔指出,更大的区别存在于前工业社会、工业社会和后工业社会之中。前工业社会的"意图"是"同自然界的竞争",它的资源来自采掘工业,它受到报酬递减规律的制约,生产率低下;工业社会的"意图"是"同经过加工的自然界的竞争",它以人与机器之间的关系为中心,利用能源来把自然环境改变为技术环境;后工业社会的"意图"则是"人与人之间的竞争",在那种社会里,以信息为基础的"智能技术"同机械技术并驾齐驱。② 这种意图的不同导致了经济部门的分布特点、人们职业的分布和产品的属性都出现了不同程度的变迁。托夫勒在《第三次浪潮》一书中提到,1956—1957年,美国白领工人超过蓝领工人人数。这一标志性的事件,从一定意义上代表了一个新时代的到来,不管这一社会是托夫勒所言的"第三次浪潮",还是贝尔言称的"后工业社会",是曼纽尔·卡

---

① 需求的变革可能源于人类需求层次的不断升级,也可能源于经济系统的诱导和绑架。无论其根源何在,需求变革的现实已然存在,其结果也可以被约略把握。

② [美]丹尼尔·贝尔. 后工业社会的来临[M]. 高铦,等,译. 北京:商务印书馆,1984:133-134.

斯特的"网络社会",还是知识经济时代,是后现代社会等。具有类似象征意义的事件还有移动互联网的崛起,3D打印机的应用,大数据概念的提出,乃至创意型城市的兴起。这些事件的出现如同一颗颗心灵的炸弹,在人们中间迅速地传播,让我们对所生活的时代有了一个感性直观的理解和感受。

正如美国经济学家亨利·亚当斯(Henry Adams)所体验到的,社会出现的新的力量正在创造出新的"精神"力量。所有这一切都揭示出一种新的社会物理学的基础,一种历史动态规律的基础,社会变化的基本秘密——加速发展的规律。这一印象与马克思对资本主义所持有的印象——一切坚固的东西都烟消云散了——是一致的。社会的变迁和加速发展在如今的社会也一如他们所总结的一样,或者说,是在他们所深刻认识到的方向上更进一步地发展着。

从需求维度看,总体的需求层次在上升,个体的需求差异在加剧。产品实用价值之外的审美的、体验的要求越来越成为主要内容。食物不再仅仅是充饥的东西,色、香、味的要求和养生健体、愉悦心神的要求渐趋重要,吃饭的场所和环境也受到重视。饮食正逐渐地成了一种服务消费、一种体验。桌子、椅子等家具也不再是木头拼起来这么简单,它里面所蕴含的设计理念、艺术审美的风格,以及原料的质地和价格所暗藏的符号化的属性都成为人们购置、使用和欣赏的一种不可缺少的元素。手机、电脑等移动终端的使用也越来越成为一种体验式的,是人们在工作、学习、生活、娱乐等全过程所须臾不可离的必要配置,并且软件和硬件的升级已经成为了常规化的要求。此外,需求的个体差异越来越受到细致的划分。文化类的产品,如书籍、电影、音乐等也越来越成为大众消费的重心。文化不再只是高雅的小众所独享的东西,大众文化品位正受到重视和引导。

从生产维度看,"不论你喜欢什么颜色,我的 T 型车只有黑色"这一应对需求的态度已经无法生存。大规模的标准化生产模式正逐步地向私人订制的生产模式转变。海尔推出的一种服务——"只要告诉我你的要求,七天之内就能见到商品的实物"正越来越能够在差异化的个体需求面前赢得最大的肯定。苹果的乔布斯甚至将这种生产的自我要求提升到更高的程度,不用消费者明确说明,即可以创造出你需要的东西,甚至让你惊喜的满意:"如果你问消费者需要什么,他可能会说要一匹更快的马",而生产者可以设计出一款汽车交给他。在生产和销售的过程中,"你需要电脑,我们刚好是生产电脑的,我们的电脑还不错,要不要试试?"这一思维模式已经越来越没有说服力,越来越没有市场。"我们的企业希望改变世界,我们通过我们的产品体验来实践我们的理念,从我们的产品中你能体验到一种美和改变世界的可能,你要不要试试?"慢慢地成为更成功的主流模式,产品的生产、销售和使用中附带有一种文化的、理念的传播、体验和分享。在生产上,产品越来越成为理念的物化结果,成为"思之物";而在消费中,产品越来越成为一种理念的标志和符号。

人们的需求正从有用性向美感升级,其消费也越来越视觉化、审美化。我们稍微回顾一下苹果如何撼动了微软 20 多年的霸主地位就可以清楚这一转变。10 年前,苹果的市值才有 200 亿,与微软完全不能同日而语。进入 21 世纪之后,随着工业科技遭遇瓶颈,以及追求个性,关照内心召唤的"70 后""80 后"成为社会的主流群体,乔布斯的酷理念终于迎来了属于它的时代。从 iPod 到 iPhone 再到 iPad,乔布斯的创意理念得到了淋漓尽致的展现。对于这两个品牌的胜败,曾有人追问:这到底是乔布斯的功劳,还是鲍威尔的过失?其实真正要问的是:是技术资本的失败还是创意资本的胜利?两者都是! 苹果之胜,正是胜在全球创意时代下人们对于创意产品、创意生活的需求。胜在创意资本较之技术资本更能迎合创意时代的人类需求。

二、新经济:文化与经济的互动

在这样一种社会变革和需求变革的双重驱动之下,文化和经济的互动以比以往任何时候都更加紧密的方式开展着。文化领域逐渐接纳大众经济的同时,经济领域的生产和消费也逐渐扩张到文化的领域。这一文化和经济的交流和互动先天地隐含在文化的内涵和形成渠道之中。"当人的主体精神一旦通过某种客观载体——书籍、艺术品、表演等——表达出来,并且由此而在人们的精神世界之间相互交流,包括纵向的历史交流与横向的空间交流,便形成了文化。文化可以理解为人类精神世界通过物质化载体而得到的社会化表现形态,它存在于人与人的作为社会关系的'主体际'(inter-subject)之中。"所以,"负载着社会文化的物质载体,必须是社会经济生产的产物"①。

在新的需求特征的助推之下,文化与经济的互动进入了加速发展的阶段。"社会文化空间"的生产开拓了"文化经济空间",也打造了经济繁荣基础。根据鲁品越

---

① 鲁品越. 从经济空间到文化空间的生产——兼论"文化—科技—经济"统一体的发展[J]. 哲学动态,2013,(1).

教授的观点,这一文化和经济的互动从以下三个方面展开。①文化产业空间的生产。文化的作品以经济产品的形式被生产出来,并通过市场的方式供给大众消费,由此形成了电影、舞台表演、书籍、艺术作品等产业。这些产业在现代社会以大批量的方式生产着,供越来越多的人消费。目前,文化产品在社会产品中逐渐占据越来越重要的地位,文化产品产业也在整个经济产值中占有日益增大的比重。这些产品,以及生产这些产品的企业利用分布全球的资本网络、信息网络和营销网络争夺全球市场,"获取巨大利润与制造众多就业岗位的同时,不断地输出自己的价值观念"。②传统产品中附加文化元素。食物不再仅仅是充饥的东西,色、香、味的要求和养生健体、愉悦心神的要求渐趋重要,吃饭的场所和环境也受到重视。饮食正逐渐地成了一种服务消费、一种体验。桌子、椅子等家具也不再是木头拼起来这么简单,它里面所蕴含的设计理念、艺术审美的风格,以及原料的质地和价格所暗藏的符号化的属性都成为人们购置、使用和欣赏的一种不可缺少的元素。这一方面由于人们的需求层次有所提升;另一方面维持生存的基本需求所带来的经济空间很快被资本填满,资本的扩张逻辑促使生产向传统的物质产品当中不断地添加新的文化元素。这种添加的文化元素和理念,使得产品在实用价值之外又具有了审美价值和符号价值,满足人们的基本生存需要的同时还提供了人们相互之间交往的媒介。③景观和图像的生产。德波意义上的景观也成为了文化产品,它与物质实体的商品相比具有一定的公共物品属性,具有非排他性、部分竞争性的特点。视觉化和景观化的图像被生产出来之后,文化成了"可视化"的产品。我们的社会已经有了根本的转变,关键词从"存在""占有"而至如今的"显现"。博览会、主题公园、风情街、博物馆等所展现的是文化,所收获的是经济的丰厚回报。

　　以霍克海默和阿多诺为代表的德国法兰克福学派批判文化的商品化和标准化,把文化产品产业称为"文化工业"。[①] 他们站在文化的角度,认为以批量生产、机械复制为特征的文化产品的标准化、齐一化、程式化,是自上而下"有意识的结合其消费者",是文化由雅而俗的堕落。法兰克福学派说出了问题的一面,与经济的互动使得文化受到一定程度的影响。然而他们没有说的一面是,文化的"媚俗"和"有意识的结合其消费者"是一座桥梁,它使得人类的交往范围扩大,使得文化所教化和影响的范围加大。否则,他们所谓的文化也只能是某个圈子的文化,而不是社会意义上的文化。正如鲁品越教授所说,"文化是具有社会总体性的一种精神现

---

① [德]霍克海默,阿多诺.启蒙辩证法[M].渠敬东,等,译.上海:上海人民出版社,2006:107.

象，是人们之间精神联系的纽带"①。把为数众多的、世俗的大众摒除在外，文化何以成其为文化？抛却文化的争论不谈，单从经济的角度来看。文化与经济的交流和互动，带来了经济的繁荣，缓解了有限经济空间内资本扩张带来的人性压抑。文化与经济的互动使得"文化空间"不断地转化为"经济空间"。从一定程度上讲，经济和文化本来就是一体的，是社会生活的一体两面：人类群体生活的物质层面（经济的）和精神层面（文化的）。在人类社会脱离了最基本的生存需要之后，甚至在这一过程之中——在人类努力生存下来的过程中，在由动物而到人的转变之中，在人类从野蛮而逐渐文明的过程中，人类的需要便不再能够由纯经济的物质生产简单满足。对文化的消费教化了人类，使得人类在认识、生产和交往的过程中逐渐地进步，文明便由此而来。

工业社会初期，圣西门（Saint-Simon）、杜尔哥（Turgot）和孔德（Comte）等描画的未来景象使得工业主义的理念深入人心，人们感受到时代大潮的来临，"新教伦理"和"资本主义精神"等文化心智的发育带来了惊人的经济成就；再到更近的阿尔文·托夫勒（Alvin Toffler）、丹尼尔·贝尔、曼纽尔·卡斯特（Manuel Custer）等所描画的"第三次浪潮""后工业社会""网络社会"催生了经济形态的转化。文化来源于经济，又促进着经济的发展；城市经济对人的养育，城市文化对人的教化共同促进着人类的进步；这一进步体现在经济的扩张中，也体现在文化的扩张中。如今，教科文组织的"全球创意城市网络"掀起了新一轮的文化与经济的互动高潮。彼得·霍尔，查尔斯·兰德利，理查德·佛罗里达等创意大师从城市的视角提出一系列的理论，宣扬创意型城市和创意经济。究其内涵，除了城市规划学的考虑之外，就是文化创意对经济活力的强大的内在驱动力。这种文化创意内在于城市历史和文化之中，经由创意阶层的工作，创造出城市杰出的经济竞争力。

三、文化产品部门的兴盛

以文化与经济的互动为特征的新经济带来了文化产品部门的兴盛。"资本＋技术"的古老动力模式转变为"资本＋创意＋技术"的新的驱动模式。工业革命之后的经济扩张主要是以资本和技术的联合为动力的。18世纪下半叶到19世纪上

---

① 鲁品越．从经济空间到文化空间的生产——兼论"文化—科技—经济"统一体的发展[J]．哲学动态，2013，(1).

半叶,蒸汽机、纺织机为主导技术的产业引领了经济发展的方向;19世纪中叶到20世纪上半叶,电力、汽车等产业开辟了新的增长点;20世纪中叶到20世纪90年代,信息技术和信息产业为经济扩张打开了一扇新的大门。以资本的扩张逻辑为推动,以技术的持续进步为保证,全球经济一路高歌猛进。然而,在新旧技术更新换代的速率达不到一定的要求的时候,经济便会跌进停滞和萧条的深渊。

技术和资本的联姻使得整个市场经济社会变成一个大陀螺,要想站立不倒,就要不停地旋转,不停地有技术进步和商业创新。熊彼特称创新的过程为"创造性破坏",新出现的创新对原有的经济提出了挑战,打破了原有的均衡,实现了一定的增长,于是经济才会有周期性的波动。与熊彼特的理论相比,笔者更喜欢简·雅各布斯的说法。她在言及城市经济的繁荣与萧条的时候,称繁荣是有原因的,萧条是没有原因的;就像热和冷,热是有原因的,冷是没有原因的。城市经济的繁荣来自持续不断的创新,来自旧有工作基础上不断添加的新工作,来自经济的不断扩张(以新工作的出现为条件)。而新工作出现的过程受到阻碍,人们只是在旧有的工作种类中生产,提供更多的产品不会带来任何的经济扩张(繁荣),只会产生恶性的竞争。

最近的几十年,全球经济在技术和资本结合的路线之外,又走出一条资本和创意结合的道路。前者以基于技术密集、技术创新的高科技产业为标志,而后者以基于知识密集、知识创新的文化创意产业和知识密集的服务经济、体验经济为标志。资本与创意的结合并不排斥技术,相反地,文化创意产业更加积极地与技术创新结合在一起,形成一种资本、技术、创意三项驱动的经济扩张模式。在新的经济驱动模式下,生产出现双重的转变:从理性向艺术的偏移和从精英到草根的扩展。正如哈佛商学院教授罗布·奥斯汀(Rob Austin)所说,当商业变得更为依赖知识来创造价值时,工作也变得更像是艺术。艺术的隐喻是相对于理性这一现代性范畴而言的。随着商业的基础从物质性的资本转向知识性的资本,人工作和创新的性质也就从现代性的理性转向了后现代性的艺术,创新的内涵也从心物二元对立的科技创新转向了代表着人精神本身的创意了。从社会层面看,创新也逐渐地从分工和异化的精英创新转向了全面发展的草根创新。劳动和分工之内的创新和工作都是不属于自己的,因而也是不舒畅的。草根创新则是一种新的形式,是在工作之外的劳动,是不属于别人的休闲式的、娱乐式的劳动。

文化产业的范围涵盖电影娱乐、动漫、游戏、旅游、艺术工艺、文化会展等等。文化产业在不同的国家有不同的叫法,有的叫作创意产业,有的叫作内容产业。实际上这个产业最核心的东西就是"创造力"。也就是说，文化创意产业的核心其实就在于人的创造力以及最大限度地发挥人的创造力。"创意"是产生新事物的能力，这些创意必须是独特的、原创的以及有意义的。在"内容为王"的时代，无论是电视影像这样的传统媒介产品，还是数码、动漫等新兴产业，所有资本运作的基础就是优良的产品，而在竞争中脱颖而出的优良产品恰恰来源于人的丰富的创造力。因此文化创意产业其本质就是一种"创意经济"，其核心竞争力就是人自身的创造力。由原创激发的"差异"和"个性"是"文化创意产业"的根基和生命。目前，英国、韩国、美国、日本、法国、新西兰、中国等许多国家都在大力推动创意产业的发展。据统计，文化产业每天创造数百亿美元的产值，并以 5％以上的速度在不断地增长。文化产业正逐渐崛起成为现代经济社会的主导产业。

第二节　地方性的"文化—经济"体系

上一小节集中探讨了文化与经济的互动，以及随之而来的文化产业的兴起。这一小节，我们的关注点将转移到文化与地点的关系上。二者之间的关系体现在经济层面，便是文化产品产业的空间集聚和空间组织，以及产业集聚的区域选择。我们的任务即是探究创意型城市在吸引文化产业入驻，支持文化产业发展上的可为之处——栽好梧桐引凤凰。

一、文化产品产业的空间集聚

现代经济的产业集聚是十分常见的现象。美国底特律的汽车产业集聚为其赢得了"汽车之城"的美名；美国硅谷的高科技产业集聚更是令整个世界为之侧目，于是陆续有了"都柏林是欧洲的硅谷""中关村是中国的硅谷"等之说；好莱坞的电影产业集聚使其成为电影业内人士终身攀登的顶峰，并造就了洛杉矶的振兴和繁荣。产业集聚的成功例子数不胜数，城市经济要想在世界版图中占有一席之地，必须要能够吸引朝阳产业（当前的文化创意产业）的集聚。

文化产品产业具有很强的空间集聚倾向，"这种倾向由于是有效的报酬递增效应的根源而获得强有力的发展,这些报酬递增效应对地方经济运行和竞争优势具有较大的影响。随着时间的流逝,这些报酬递增效应往往是自我增强的,因而提高了主导区域的竞争性领先地位,强化了区域专业化的模式"。① 因此,在一定的条件下,文化产品部门的生产活动特别倾向于形成密集的地方性经济综合体。由于区域经济的外部性和溢出效应,产业体系的核心要素总是形成生产者网络的形式,以密集的、错综复杂的关系捆绑在一起,相关企业总是在区位上汇聚于某个具有吸引力的地点。即便如今的交通和通信成本已经大幅度降低,相关产业在地理上的集聚也能够确保外部效应更大程度上为内部所吸收。除了经济上交易的便利性之外,商业联系之外的社会交互作用加强了地区商业文化的基础,进一步增强了区域经济共同体的利益,使其运行效果和效率得到进一步的提高。

文化产业的集聚不同于传统产业的集聚,传统的制造业在选址的时候考虑最多的就是市场和运输成本,而文化产业的产品基本上不需要运输成本。区域对于文化产业的吸引力主要是生产方面的,比如信息的流畅通达,各种相关技术人员的交流网络。产业集聚一开始就产生了几个主要的益处:降低了产业间的交易成本;提升了产业内资本、人员和信息的流动速度;提供了相互学习和激发创新的机会;增强了以经济交易为基础的社会凝聚力。这些方面的益处随着空间聚集的进行不断增强,区域的特点和优势也进一步彰显。逐渐地,区域之内形成了可辨认的商业文化的社会环境。与电影产业、金融服务、高科技产业等特殊部门相对应的专门文化和习俗也渐成风气。它们以产业的集聚为物资基础,并在回应相互联系的生产商群体所一再面对的特殊任务和问题的过程中形成。这在某种意义上与马歇尔提出的"产业氛围"观点大抵相似,一组以生产体系为中心的社会文化规范和实践既与特定的生产结构有关,也与地点的经济地理有关。这种产业氛围的内涵比较丰富,就文化产业来说,主要有以下几条内容。①文化产业的空间集聚是一个庞大群体的集聚,除了文化产业之外,还有 NGO(非营利性组织)、金融部门、教育和培训机构、行业协会等。文化产业是一个相对高风险的产业,不是每一项文化创意活动都能够带来收益,它需要机构和资金的资助。因此非营利性的组织在文化产业集聚中起到了不可或缺的作用。②在文化产业集聚的过程中,创意人才的集聚作用十分关键。正如佛罗里达所论述的,创意阶层的集聚是企业争相入驻的最主要条件。因为文化产业的生存需要文化的生产,也需要文化的消费。于创意人才来讲,

---

① [美]艾伦·斯科特. 城市文化经济学[M]. 董树宝,等,译. 北京:中国人民大学出版社,2010:21.

生活、娱乐和休闲同工作一样重要,他们选定一座城市(具有多样性、包容性、流变性)定居,文化企业才随之而来。因为文化企业需要这些人的创意来生产,也需要这些人来引导消费。③文化产业集聚看中的更是社会的、政治的和人文的资源,而不是地理禀赋的差异。文化产业需要城市文化基础设施的配套,如剧院、影院、图书馆、博物馆、音乐厅、购物网络等;也需要文化政策的支持,如社会包容性、城市景观打造、文化事件的组织、夜生活的开发等。

这种既具有产业特征又具有城市地点特征的氛围一旦形成,便成为其影响力所及区域的一个品牌。比如,好莱坞是世界电影产业的招牌,有志于从事该行业的个人和企业都会将目光瞄准好莱坞。即使不能够立刻进军到该地,也要时刻关切,以确保自己方向和品位不至于落伍。而一旦做出一定的成绩,具有了一定的实力便希望去好莱坞发展,因为它代表的是专业的水准和业内的高度。上海的"陆家嘴"作为上海乃至其所辐射的一大片地区的金融中心,也有着同样的吸引力。然而这种集聚并不是无限的,集中带来收益和报酬的同时也增加了成本。拥堵、污染和土地价格等成本形成了一种反作用力。对于城市来讲集聚和扩散的张力将是永恒的主题,这一张力维持着一种平衡。它一方面提供了各种各样的优势;另一方面又以高于其他地方的成本提供了一种选择机制,这于地方来讲是一件好事。然而,这种机制中间也暗藏着风险。美国的底特律20世纪70年代的白人逃离市中心的运动也是这一张力带来的结果。许多其他城市的中心地带也有类似的情况,经济上的上层居民由于治安等成本的提高而逃离,城市人口流失、经济衰退、大楼闲置、一度成为"鬼城"。

总之,文化产业有着比其他产业更强烈的集聚倾向,产业区域集聚能够带来十分巨大的优势和回报。这一倾向背后有着个体选择和社会演化的动力,也有着风险和张力。

二、"文化—经济"体系的生产和组织

除了空间集聚的不同特征和要求之外,文化产业在生产和组织上也有不同于传统企业的特点。这一"文化—经济"体系的运转具有高度的风险性、创造性和精神属性,其组织方式也就具有了更加网络化的特点:资源在一个较小的区域内快速流动(活化资源),信息交流和思维交流在工作和生活中无时无刻不在进行,人们的关系维持着疏离和紧密的张力等。

文化产业的概念就某方面来说是支离破碎的,因为它指称的是各种各样部门的集合,这些部门在生产技术、交易步骤、产品概况等方面有着大量的差异。使得这一概念能有所指的是这些部门所涉及的文化元素,这种文化元素往往是与特定地点联系在一起的。比如,产品的设计外形和文化内容与某一城市的特殊意象和文化底蕴相嵌合,这一方面成就了地点对于产业空间集聚的吸引力;另一方面成就了产品和企业的市场竞争力。当然,文化经济在技术和组织上具有一些相似的特点。艾伦·斯科特对此有过深刻的论述,他总结了文化产品产业的五个主要的生产和组织要素。① ①文化产品工业中运用的技术和劳动过程通常需要大量的直接的人力投入(如在服装产业中),经常并日益地由先进的、具有灵活性的计算机技术所补充(如在多媒体产业中)。②生产通常以小企业的密集网络组织起来,这些小企业高度依赖彼此的专业化投入和服务。但是,参与到这一网络的也有大的、相关的综合企业,如好莱坞主要电影制片公司和纽约主导出版商。③这些网络形成了多层面的产业综合体,这些产业综合体总体上往往会产生地方劳动力市场的巨大需求,并需要各种各样的劳动技能和物资。文化产品工业中的工作关系通常是断断续续的,常常导致周期性的求职和招募活动。在这一点上,雇员和雇主的风险是随着地方生产综合体实力的增加而减少。④作为这些不同特征的结果,文化产品产业的综合体总是充满外部经济,其中大部分外部经济经由区位集聚才能被有效地据为己有。集聚通过突发效果体系也能导致进一步的外部经济,在文化产品产业中,这首先涉及相互学习、文化整合和创造力效应,这使同一地点出现许多相互关联的公司和产业成为可能,特别是,创造不仅仅是个体文化工作者的孤独沉思,更重要的是多种刺激的产物,这些刺激位于地方经济中各类参与者之间交互作用的节点。这反过来产生了这样的假设,即在其他条件相同的情况下,创新可能是相关参照群体规模的几何函数。⑤集聚也促进了各种制度基础结构的出现,这些基础结构是通过提供重要的一般性服务促进信息流动,推动相互联系的生产者之间的信任与合作,以及确保有效战略计划的完成等,最终使地方经济灵活运行。

　　综合来看,文化产业的组织要应对新的特点。①在文化产业之中,文化和科技的作用都举足轻重,而且资本与劳动之间的可替代性越来越小。机械化的体力劳动很容易为机器所替代,而文化的、艺术的等创造性劳动很难为机器和资本所替代。因而,伴随着文化产业的崛起,企业必须适应新的生产要素以及要素之间的关

---

① ［美］艾伦·斯科特. 城市文化经济学［M］. 董树宝,等,译. 北京:中国人民大学出版社,2010:15-16.

系,在生产和组织中要有更合适的策略和选择。随着企业和劳动者(创意阶层)之间的地位转换,城市在产业政策、文化政策方面的抉择也要考虑二者的要求,做出新的决策。②文化生产过程中的不确定性也超越了理性计算的范围。文化产业内普遍存在着外部性和不确定性,企业内部的管理和控制,以及企业之间的交易规则都将受到挑战。知识的溢出效应使得企业无法继续根据私人的成本收益来做决策,仅仅关注短期的最优化决策已经无法在激烈的竞争中立足。而城市也必须营造出一种和谐、信任、合作的经济网络,使得广泛的外部效应在城市的能量场中循环流转,并最终消化,带来丰厚的经济收益。③知识产品的公共性,劳动力和信息资源的高度流转特性,带来了一系列的公共性问题。由于上面两条的影响,经济的交流合作进入了一种多边空间,并产生了跨时间的外部性。经济交换的一对一的、实时的两方行为已经转变,城市乃至国家把"资源配置的决定作用"交给市场的同时,也把更重大的任务留给了自己。当然市场之外的任务并不必然的由政府承担,各种协会、代理机构、非营利性组织等所有重要团体承诺持续和创造性的参与都是非常重要的。然而市政等地方政府实体作为负责(或者可以讲,存有美好愿景)的官方机构,应该深入地考虑和积极地引导,这也即是上文所讲顶层设计的重要性。

市场能力的急剧增长需要以下三个方面的保障。①作为公共物品提供给生产者的重要的投入和服务是激发城市和区域增长的决定性因素,比如,劳动力培训、信用体制的建立、各种保障机构的设置等。②企业之间的合作有可能带来更有效的经济效果,但前提是企业愿意为了较高的总体生产力水平而做出一些牺牲。③策略选择和集体行动的论坛等作为经济支持也成为现代区域经济成功不可缺少的要素。这三个方面保障的工作不同于一般经济的财政激励、政策支持和约束,工作的承担并不必然地落到政府头上,需要创新的思维。诺贝尔经济学奖获得者奥斯特罗姆(Ostrom)的自主治理理论不失为一种办法,而关键的要素是促成区域的协作。这需要有人进行总体的思考,既需要经济学的查审,也需要哲学的反思。

三、地点的重要性

文化产业的集聚对地点有着不同于以往产业的要求,区域发展不再仅仅以自然给予的竞争优势为基础,它更多的是以社会上和政治上创造的条件为基础。这样一来,地点便以一种不同于以往的方式彰显其重要性。一方面,地点变得更加重要,因为企业的选址会决定其未来的生命;另一方面,城市变得不再重要,因为社会上和政治上的条件不同于港口、矿藏这样的硬性要素,是可以复制和转移的。虽然个体的创意才赋是创造和创新过程不可缺少的,然而创新过程在特定的意义上讲,含藏于社会活动的有限时空领域之内。在现代文化经济的大环境之下,有组织的工作地点脱颖而出。在这样一个城市空间里,不同个体的创意才赋能够呈现出一种有序的、蓬勃的状态,并指向明确的经济目标。每年八月份,一年一度的爱丁堡艺术节成为世界瞩目的焦点。爱丁堡艺术节的原则是举办世界顶级的文化盛会,汇集来自世界各地的艺术家和观众。被展示的文化带来可观的经济联动效应,数以千万英镑的直接经济收入,数以千计的工作岗位。城市地点的魅力是其他城市所不可替代的。

地点和文化总是持久地联系在一起,因为任何城市都是密集的人际关系(文化所由产生的基础)的所在地。其文化所具有的鲜明的地方特色是区别于其他地方的依据和特征。一如上一章所展示的,巴黎和洛杉矶在文化产业的发展上都可谓成功。它们在经济上和文化上都具有突出的个性化形象,地点的魅力和底蕴潜藏在其文化产品之中。然而,两个地点与其产业结构有着完全不同的特征:洛杉矶文化经济主要生产面向大众的、通俗的文化娱乐产品,而巴黎则利用悠久的工艺传统生产奢侈品。如果巴黎的文化经济偶尔地按照洛杉矶的方式和品位进行生产,则是其经济衰退的标志。因而,地点与其文化经济又有着相互塑造、相互契合的特点。文化经济与地点之间的重要联系还存在于一种张力之中,这种张力体现了与特定地点相联系的文化和非地点性的全球事件之间的紧张关系。一方面,即便在如今交通和通信高度发达的现代社会,地点依然毫无争议的是文化经济的宝库,它含藏着文化习俗、历史传统等可以转化为经济产能的资源;另一方面,特殊地点的产品(主要是图像等文化产品)销售到世界各地,带来经济回报的同时也改造着其他地方的文化特征。文化生产集中到少数地点和企业的同时,产品却输送到空间上更加广阔的全球网络之中。一些地点的传统文化和标志遭遇威胁的同时;另一些地点则积极的生产文化产品,寻找不断扩大的受众群体。

文化与经济之间错综复杂的关系汇聚在特定的地点,形成了产业集聚区。文化与经济之间持续的交互运动,使得地方文化塑造了城市经济活动及产品的特点,也使得经济活动成为文化生产的重要动力源。地点的文化属性与其生产的最终产品的品质的特色之间有着必然的联系,地点、文化和经济有着一定程度的共生关系。正如洛杉矶、巴黎、纽约等城市所显现的一样,城市特有的文化资源和精神气质浓缩在城市空间之中,使得他们的产品具有了一定程度的垄断力量。他们独特的生产过程和独有的产品构成属性提升了他们在世界市场上的竞争优势,使得他们的产品更容易打进广阔的国际和国内市场。如莫罗奇(Molotch)所言:"文化产品的品质和地点紧密地联系在一起,产生了一种依附于地点的垄断租金、标志和品牌。并且随着时间的推进,这些内容逐渐地自我增强,形成了地方经济坚固的基础,并为其他地点的产品制造了进入的门槛。"①因此,现代城市要在世界经济中获得竞争力,必须加入这种文化经济的争夺之中。城市作为地点的重要性不再先天地存在于其地理位置和自然资源之中,而是成就于善于把握机会的人们手中。地点与创意一起成为现代经济竞争中新的垄断筹码,而这种垄断地位的获得和失去都变得十分的容易。

第三节　文化经济与城市空间

地点的重要性呈现出一种二律背反的状态,由于越来越广泛和深入的流动性,地点变得越来越重要,个人、企业、资本和非营利组织等都面临着一个重要的选择——去哪里;同样由于越来越广泛和深入的流动性,地点也变得越来越具有替代性,城市的吸引力可能会因为政治的、社会的因素改变而快速地消失和重建。在全球化和市场化的背景下,城市的"离心力"和"向心力"都在增强,而文化产业(生产、消费、产业从业者、市场)与地点和城市有着微妙的联系。创意型城市发展的一个十分重要的问题便是如何因应文化产业的需求,制造和维持城市地点的优越性和吸引力。

一、本土化与全球化:文化经济的空间张力

全球化发展已经成为一种不可避免的现实,城市如何在这样的世界经济中自

---

① Molotch H. LA as design product: how art works in a regional economy[M]//A J Scott and E W Soja(eds). The city: Los Angeles and urban theory at the end of the twentieth century. Berkeley and Los Angeles: University of California Press,1996:225-275.

处？是在固守本土维度的倔强中被边缘化，还是在追赶全球潮流中迷失自我？创意型城市要想在世界经济中占得一席之地，要想文化产业的发展能够繁荣兴盛，需要对本土化和全球化有一个深刻的认识。城市的文化产品生产需要个人和企业摆脱掉地域的局限，接纳和利用整个世界的资源和知识带来的创意，创造出具有本土特色的文化产品，并能够在世界市场的广阔网络中获得认可。上一章介绍的几座城市和更大范围内的成功的创意型城市在这一点上有着各不相同的路径，却也有着本质的共性：在本土化和全球化的张力之中寻得合适的发展之道。

在几个世纪之前，城市化的进程刚刚开始的时候，城市类似城堡，是独立的但却相似的存在。那时的城市经济基础相对单一，并且彼此之间基本一致。城市所辐射的范围较小，"虽然一些城市已经发展成为专业的贸易港口，比如欧洲城市化初期的意大利城市热那亚，但是，在某种单一的经济功能下，其专业化程度相对较低。随着贸易范围的拓宽和工业化的推进，城市功能开始多样化。一般来说，一些规模较大的城市开始逐渐形成集聚不同产业的综合经济，而其他城市的经济功能则继续保持其典型的专业化特色"。① 如今，全球化的经济已经使得城市的辐射范围越来越大，城市之间的联系和影响也越来越大。全球的城市形成了一个金字塔式的集体，处于顶端的城市专业化水平更高，集聚规模也更大。纽约华尔街的金融服务可谓是全球唯一的，难有匹敌，其在全球市场所分得的回报也是无可估量的。早期城市的经济变迁多半是由本地的原因造成，比如发现了新的矿藏，某一手工业在附近的区域找到了销路等。随着时代的演进，先是产品出现了长途的贸易，然后是劳动力和资本(投资)出现了跨区域的流动。日趋激烈的国际的竞争使得全球经济在城市之间进行重组，地方经济便遭遇了全球化的冲击。国际贸易和投资的推动，生产要素的全球流动，技术动力的支持，知识经济、体验经济、创意产业的冲击，市场规模的深化和广化都促使城市地方也日渐全球化了，全球的经济冲击已经遍及世界的各个角落。冲击的结果是，有些新城崛起，有些旧城衰退，我们在文中反复提及的底特律便是由于汽车工业的发展而成就了其"汽车之城"的辉煌成就，又受到冲击而走向破产。当资本流失、工厂撤离、社会上层人员迁徙之后，地方经济就失去了支柱和发展。如今每个城市面对的都是整个世界，而立足的却是本土的文化、传统、习俗和经济资源。经济全球化意味着对地方经济的重塑和改造，城市

---

① [美]奥罗姆. 城市的世界：对地点的比较分析和历史分析[M]. 曾茂娟，等，译. 上海：上海人民出版社，2005：105.

地方经济需要积极的应对,从传统和实力出发寻找合适的定位。

普遍与特殊是一对矛盾,全球化即是经济的普遍化倾向,而城市的发展则是致力于在其中树立自己不可替代的特殊性。至于具体策略,佛罗里达看准了创意产业和创意经济中人才(创意阶层)的重要性,称城市已经进入了全球人才争夺的战场。他在《创意经济》一书中举了惠灵顿与彼得·杰克逊的例子。杰克逊是著名导演、奥斯卡金像奖得主,他凭借电影《指环王》三部曲的空前成功,在惠灵顿建立了永久性片场,把"世界各地、各行各业的人才,把全世界最好的摄影师、服装设计师、音效师、电脑绘图师、模型制作人、编辑以及动画制作人都吸引到了新西兰"①。《指环王》赚足了世界的钱,更重要的是它增加了惠灵顿而不是好莱坞的财富。在一个好莱坞只手遮天的电影界,惠灵顿能够异军突起,除了其魅力的风光之外就数创意人才对地点的选择了。继《指环王》三部曲之后,《金刚》和《霍比特人》带来了一系列的辉煌成就。电影的成功除了带来了电影产业的兴盛之外,还产生了很强的连带效应。电影制作的相关产业汇集之后,电子游戏、动画、音效等一系列的高科技产业随之而来,全国范围内迎来了旅游的热潮,更有许多专业人士选择在新西兰定居。惠灵顿以弹丸之地所达至的成就可谓是创意城市的典范,它以本土的文化资源吸引了世界的人才,打造了一系列的文化产业。

惠灵顿的成功是一个资源争夺的例子,然而全球化运动中更多的是模式输出的情形。其中最有代表性的要数麦当劳(肯德基)和迪士尼了。据载,1987年第一家肯德基进入中国,选址在北京前门。2010年6月1日,中国肯德基第3 000家公司在上海开业,而有肯德基的地方基本上都有麦当劳。西式快餐在中国的发展可谓是全球化的一个标志,除了肯德基和麦当劳之外,星巴克西式咖啡也进驻到城市的各个角落。全球化的输出带来了本土经济的改造,中式快餐(包天下、真功夫等)、本土咖啡等也在外来企业的成功中不断学习,逐渐积累了竞争力。迪士尼的全球影响力更是令人咋舌,最初动画电影行业的成功打造了迪士尼的品牌,塑造了文化形象和文化价值。如今,迪士尼已经远远不止于动画行业了,手表、女装、玩具、箱包、电子产品等领域都有了迪士尼的影响力。最令我们感兴趣的是迪斯尼乐园,它以文化主题化的形式,把"别处"转移到了此地,使得文化成为了一个可观赏的去处。这是一个划时代的全球化冲击,"可视化""可参观性"的生产,使得文化经济的内涵出现了转变:依托于物品的文化开始转变为一种体验。博物馆、展览馆、

---

① [美]佛罗里达. 创意经济[M]. 北京:中国人民大学出版社,2006:2.

博览会、实地旅游的数字化替代品等的出现使得文化变成了可"移动的飨宴"。而海明威时代,这一移动的飨宴还是由于他年轻时候在巴黎待过,随后的旅行中巴黎生活的体验便随他移动。而如今,异地的文化可以来到你家门前,供你体验。文化经济的"可参观性""可转移性""可复制性"逐渐地打碎了地方的藩篱,使得全球消费文化大有消除地方传统特征、地方消费行为和习俗,并使全球消费文化均质化和齐一化的趋势。随着城市成为全球文化经济的竞技场,本土的地方文化景观、地方经济也将积极地实现重组和改造。

二、城市文化街区:被展示和营销的文化空间

成功的城市文化街区(cultural quarters)是一个充满活力的城市空间。它坐落于城市的弄堂之中(比如上海的田子坊,比如上一章提到的都柏林的圣殿酒吧街),是生活、休闲、娱乐的聚集之所。"如果运营成功的话,它们能够激发新的创意,提供新的工作和生活的意义,成为文化生产与消费的地点,使新的产品在这里被开发、被体验、被评价、被传播。"①大城市提供了数量庞大的人群,也为本土文化活动的多产性提供了必需的市场。穿梭于城市电影院、展览馆、剧场、音乐吧、酒吧之间的城市人群实现了人际的交流,直接地、间接地交往激发人们的创意活动。这些创意活动能够为城市经济的繁荣带来机遇,同时也为充满激情的年轻人提供了进入经济创业的机会。如今,不论是全球性的还是区域性的大都市都有一个特定的区域,该区域文化设施丰富、文化活动多元、创意人才聚集、创意氛围浓厚,如伦敦的苏荷(SOHO),纽约的上东,巴黎的左岸,都柏林的圣殿吧(Temple Bar),北京的798等。这些区域是大都市中文化和艺术活动聚集的地理空间,区域内有大量用于经营文化和艺术活动的建筑,有营造艺术特性的明确目标和适宜空间,有适宜文化和艺术活动的环境。②

城市文化角的成功取决于其特殊性,其可辨识的特征和要素,足以使人们向往,使人们流连忘返,念念不忘。其成功的标志在于两点:第一,"文化角"应该能够为艺术家和设计师提供新工作的地方。只有不断地往旧工作之中添加新的工作,文化和

---

① John Montgomery. A review of four cultural quarters in the UK, Ireland and Australia [J]. Planning, Practice & Research, 2004,19:3-31.

② 周正兵. 西方文化街区的基本特征与管理模式[J]. 经济地理,2010,30(10).

经济才能够发展。第二,文化角要能够提供多样化的渠道,以使新的文化创意能够被消费。新工作的产品,不论是文字的、图像的、声音的,还是物质实体的,抑或舞台表演的,能够为本土的乃至世界的市场所消费。公共空间、电影院、音乐馆等传统的渠道和网络化、信息化的现代 IT 技术的渠道使得消费者(原地的、整个城市区域的乃至全球的人群)都能够消费到文化角所产生的新的产品、服务和体验。文化街区的大小不是固定的,可以仅仅是几条街,也可以是一座城市。只要具有鲜明的文化特色,能够吸引当地的市民和外来的旅游者,能够产生综合效应和集聚特征,就是一个广义的文化街区。然而,文化街区的成功发展需要区域内能够融合生产、生活和娱乐的领域,打破三者之间原本的界限,形成一种池塘生态系统式的创意孵化基地。

在这里创意活动的成果被消费,人们(不论是消费者还是创意劳动者)都将受到教育和娱乐。在这样一个相对较小的空间里,形成了一种氛围。人们喜欢在这样的地方闲逛,"文化角"于是有了生动鲜活的社区生活、街道生活。人们被这种节奏和体验所吸引,喜欢到这里来,喜欢把时间填充在这个创意的空间里。整个城市,乃至更大地方的人们来了又走了,在全天不同的时间汇聚到文化角。这样一种汇聚是一种十分宝贵的财富。文化角的直接的经济收益可能是有限的,然而它们对于城市的创意和经济活力的贡献是不可估量的。在这样一个小区域的外围可能是跟它相衔接的文化企业的广阔空间。文化街区和城市之间既是一个空间布局的有机体,也是链条式的契合体。从空间上讲,文化街区是核心,整个城市是外围,二者构成一个有机体。文化街区是一个相对较小的聚集区,是一部分人的工作场所,是更大的一部分人(从整个城市甚至更大范围赶来的人)的生活和休闲的场所。这里是创意萌发的核心区域,而与之相配套的产业群则分布在同一座城市里。往来于两个系统之间的人们可以很轻松很经常地达到这一核心区域。链条上讲,文化街区解决的是创意问题,是熊彼特商业创新之前的问题,是他认为外生于经济的非商业创新(发明)所发生的阶段。而外围的产业集聚则是商业创新的阶段,它从这样一个内核区域的创意里面汲取营养,催生创新,这二者之间具有链条上的承接关系。

文化街区构造了一种"文化氛围"。"在这些'文化氛围'中,对文化敏锐的'科技人'既能与其他文化工作者合作,又能享有'面对面时间',以激发同业者的活力。"[①]在这样的空间里人们的距离更近,也更疏离。近是因为人们从私人的空间

---

① [英]兰德利. 创意城市:如何打造都市创意生活圈[M]. 杨幼兰,译. 北京:清华大学出版社,2009:206.

走进了公共的空间,可以进行面对面的交流,可以相互感染和激发,可以相互学习和融合。疏离则是因为人们在生产过程中的那种组织和管理框架消失了,人们从传统的经济共同体中解脱,从多少有点福特式的生产程序和规矩之中解脱了。在文化街区,集体的创意氛围和个体的自由状态同时感召着来往的行人,他们在享受、休闲、娱乐的同时受到教化,一种全新的、不同于工作环境的节奏时刻激发着创意的涌动。而一旦创意出现,城市集聚的文化产业以及文化资本便会从创意中衍生出商业创新,要么成立新的企业,要么扩展原有企业的经营范围。创意经济便围绕着被展示和营销的城市文化街区而水到渠成的出现了。

三、事件和"夜时间":文化经济的另一种空间

除了城市文化街区之外,事件经济和夜晚经济的发展也在一定程度上拓展了城市文化经济的空间。事件经济和夜晚经济在国内外的大城市已经具有相当的规模。20 世纪下半叶,技术革新与智能化生活模式的出现使得经济生产的范畴从实体物质向文化产品拓展,人们的消费也从实用性向审美属性和符号属性扩张,人类需要超越了简单的物质层面而进入精神层面的追求。"追求感觉的异质性和精神的自由想象力,构成了人用'创意'来整合或开发传统市场的可能。"[①]"据不完全统计,美国每年从事件经济获得的 GDP 贡献已超过 2 000 亿美元。在澳大利亚,新南威尔士州北部城市塔姆瓦斯由于成功运作了'澳大利亚乡村音乐节',每年能吸引 5 万余名游客,确保获得 4 000 万美元以上的财政收入。德国慕尼黑啤酒节平均每年能带来 1.2 万个工作机会和 9 亿多欧元的全球营业额。爱丁堡艺术节在'事件经济'的策划下变成了一串年产值高达 38 亿英镑的巨额产业链。在英国,每年约有 650 个专业艺术节举行,年创收入近 600 亿英镑。可以说,'事件经济'对发达国家经济的贡献是巨大的。"[②]事件经济通过创意组织和集聚效应,在一个时空坐标点上展现了超越时空的丰富内容,给地方带来了巨大的经济回报。张雄教授曾对事件经济的运作原理做出过深刻的经济哲学的剖析:事件经济通过"'虚拟与想象'结合的市场创意、'一与多'的市场聚合、'时间与空间'的市场叠加,以及'政

---

① 张雄. 事件经济的市场发展和世博机遇[N]. 解放日报,2009-04-26.
② 张雄. 事件经济的市场发展和世博机遇[N]. 解放日报,2009-04-26.

府—企业—消费者'的市场联动"①,它可以带动文化的繁荣和经济的兴盛,能够积累无形资产和品牌效应,能够对市民进行教化和熏陶,能够提供众多的工作岗位,更能够催生文化的创意和经济的创新。

"赫尔辛基灯光节"很好地诠释了"虚拟与想象"的巨大魅力。赫尔辛基是芬兰的首府,坐落于波罗的海海滨,是一座兼具古典与现代之美的城市。由于纬度较高,冬季白昼时间较短。富有创意的赫尔辛基人在其城市建筑的基础上,开发出了灯光节这一文化经济事件。唯美的建筑在绚丽的灯光之下呈现出魔幻的魅力,给人以无限的想象。大型的灯光表演吸引了数以十万计的市民和游客,让人们在冬季漫长的黑夜里体验视觉的享受。"爱丁堡艺术节"也同样体现了张雄教授所总结的四重原理。每年八九月间,英国北部城市爱丁堡会迎来举世瞩目的"国际艺术节",来自世界各地的艺术爱好者集聚在这里。具有民族特色的军乐团,各地的精选剧目,以及开放的、给人惊喜的各种各样的文化表演吸引着人们的眼球,也冲击着人们心灵。艺术节开放但不媚俗,商业却不失品位。在政府、企业、消费者和艺术家的普遍参与之下,艺术节浓缩了时空的距离,把气势宏大的文化盛宴定格在一个特定的时空坐标点上。一年一度的盛会成了爱丁堡的标志,成了人们之间的一种约定,体现着一种情怀,一种对艺术、对爱丁堡的忠诚。

除了事件经济对城市空间的拓展之外,对夜晚时间的商业利用也使得城市空间有了更加充实的内容。资料显示,美国有三分之一的时间、土地和收入用于休闲产业,而其中60%的休闲活动都是在夜间进行。我国的北京、上海、广州等大城市的夜间经济也在GDP中占据着相当庞大的份额。夜间经济刺激了消费,拉动了经济增长,提供了更多的就业岗位,在一定程度上成为一座城市经济繁荣与否的标志。更重要的是,夜间经济具有一种魅力,它以不同于白天经济的节奏吸引着人们。这种夜间经济的节奏与文化街区所提供的节奏类似,它使身处其间的人们能够摆脱(至少从精神上摆脱)白天工作中的那种规矩和节奏,能够忘却"劳动之内"的不舒畅(马克思语),能够消解掉白天活动中的机械的痕迹。

事件经济和夜间经济一起拓展着城市文化经济的空间,并提供了一种不同于传统文化经济生活的节奏。而这种节奏使得人们潜藏的创意能量被激发出来,在创意相关的生产和消费之中都能够得到精神的享受,而物质的和经济的优厚回报只能算作是副产品。

---

① 张雄.从事件经济看中华元素的时尚表达[N].文汇报,2009-08-10.

第六章
创意阶层：创意型城市的兴盛

　　城市的实质即是人的集聚。城市的城墙（现代城市已基本没有了这项设施）、商铺、雕塑、道路和给排水工程，没有了人的存在，只能称其为废墟或遗址。城市的核心即是人，创意型城市既关乎单个人的工作和生活状态，也关乎存在于主体际的精神气质和创意氛围。因此，"创意阶层"的崛起，城市所能提供的激发创意的环境和节奏一同构成了创意型城市内涵的一个重要方面。个人如果能够积极地转变工作、生活的方式和节奏，就会取得意想不到的收获；企业和组织如果能够吸纳创意人才并维持一定的氛围，就会成就不凡的效益；而城市如果能够吸引和容纳创意阶层，并通过他们带动和教化更多的人成为创意阶层的一员，那么城市将成为经济持续繁荣和生活愉悦的"理想国"。

第一节　生产的变革与"创意阶层的崛起"

　　随着时代的演进，生产的主题已经发生了根本的转变，"创新"代替"制造"成为了生产的核心。生产的绵延线由"制造过程"和"创新过程"组成，每一个创新的点后面紧跟着生产的线段，随着制造过程的缩短（从新产品投产到市场饱和），就需要更密集的创新出现。福特的年代，"制造人人都买得起的汽车"是十分宏伟的梦想，产品由出现到市场饱和需要很多年，制造过程也就可以延续很多年；而如今，新的产品从出现到市场饱和时间非常短，创新便成了生产的主题。因而，创意阶层取代"劳工阶层"和"服务阶层"而成为经济的主导力量。

一、"创意阶层"的概念

"创意阶层"的概念源于理查德·佛罗里达的一本畅销书《创意阶层的崛起》。佛罗里达教授对创意阶层的定义涉及以下内容：创意阶层不同于"劳工阶层"和"服务阶层"的"通过执行规定"来取酬，他们"主要通过创造来获得酬劳"；创意阶层拥有"共同的创意精神""共同的价值观"和"非常相近的品位、愿望和偏好"，金钱并不是创意阶层的"主要追求"，他们对社会、文化和生活方式有所选择；创意阶层并不关乎财产和生产资料的所有权，只关乎其价值观、品位和劳动方式。

虽然佛罗里达称每个人都具有创意的潜能，但并不是"所有的工作者都将成为创意阶层的一员"。他认为，创意阶层主要"由两种类型的成员构成。一种是'超级创意核心'群体，包括科学家与工程师、大学教授、诗人与小说家、艺术家、演员、设计师和建筑师；另一种是现代社会的思想先锋，比如非小说作家、编辑、文化人士、智囊机构成员、分析家以及其他'舆论制造者'"[①]。除此之外，创意阶层"还包括'创新专家'，他们广泛分布在知识密集型行业，他们创造性地解决问题，同时，还利用广博的知识体系来处理具体的问题"[②]。当这些"创新专家"经常参与研发和思考之后，经历一次升值或跳槽，就很可能跻身于"超级创意核心"群体。

可见，创意阶层的概念是跟工作密切相关的，包括思想上的创意大师和行动上的创新专家。而个人位置在创意阶层和非创意阶层之间，在"创新专家"和"超级创意核心"之间是可以转变的，这有点类似熊彼特的"企业家"概念。熊彼特在论及"企业家"概念的时候说："不管是哪一种类型，每一个人只有当他实际上'实现新组合'时才是一个企业家；一旦当他建立起他的企业之后，也就是当他安定下来经营这个企业，就像其他的人经营他们的企业一样的时候，他就失去了这种资格。这自

---

① [美]佛罗里达. 创意阶层的崛起[M]. 司徒爱勤，译. 北京：中信出版社，2010：80.
② [美]佛罗里达. 创意阶层的崛起[M]. 司徒爱勤，译. 北京：中信出版社，2010：80.

然是一条规则,因此,任何一个人在他们几十年的活动生涯中很少能总是一个企业家。"①因此,不管佛罗里达教授事实上是不是认可这种以熊彼特定义"企业家"的方式定义"创意阶层"。我想,我们以这样一个态度来认识和定义创意阶层是比较理智的。因为,"企业家""创意阶层"这类概念毕竟不同于"英雄"一类的概念,不可能是一战成名便终生享有的头衔。富有创意的发现问题、思考问题、解决问题才是创意的真正意义,而致力于以这种方式来工作和生活的人才是名副其实的创意阶层。而企业和城市,积极地吸引这一类的人聚集在一起,相互激励和激发创意,并在更广大的范围和更深入的层次上应用创意才是创意型的企业和城市。

创意阶层的价值是多方面的。从个人层面上讲,他们创造性的劳动给经济扩展制造了新的空间,给城市繁荣贡献了十分重要的力量,同时也给他们自己带来的丰厚的经济回报。就像企业家要承担风险一样,创意阶层的工作性质也使得他们面临着风险。然而正是这种风险,这种成败都不需要别人负责的自主和自觉行为才使得不受劳动力商品出售对象的支配和管理,才能够充满创意的工作和生活。从群体层面上讲,创意阶层的个体之间打破了泰勒制工厂里的原子化、晶体式的,个人附属于机器的机械程式,他们之间的主体际交流更密切,他们相互激励,相互欣赏,相互学习。创意阶层相互之间的密切交流,一方面提高了生产力(生产和创新的效率);另一方面也丰富了人的本质,提升了人的全面发展。

佛罗里达教授认为,创意阶层还体现出相似的价值观。他将其概括为三点:个性化、精英化、多样性和包容性。①创意阶层具有强烈的个性,他们与充满规则、规定的习俗相抵触,与泰勒制管理相抵触,他们崇尚自由和时尚,渴望遵从个性、表达自我。在我们的印象里,艺术家和科学家一贯如此,特立独行和行为乖僻是他们的代名词,而如今这种张扬个性追求的价值观渐成一种时尚,成为创意阶层的集体性选择。②创意阶层除了具有创意的精神之外,还具有勇于挑战和自我显现的精神追求。他们可能不以挣钱多少或经济等级来自我衡量,而因工作和娱乐中的完美表现而兴奋不已,他们渴望得到同侪的尊敬,渴望得到万千粉丝的追捧。金钱和收入也许是他们成功的一种标志,但绝不会是一切。创意阶层在相互之间最在意的是表现,是玩得酷不酷,是个人能力和创意的水准,种族、信仰、财富甚至性取向都成为无关紧要的差别。他们在圈里仰望的是业界精英,他们更渴望自己成为令人

---

① [美]熊彼特. 经济发展理论[M]. 何畏,等,译. 北京:商务印书馆,1990:87。

崇拜的精英。③创意阶层从审美和偏好上看中多样性，喜欢任何人都能够融入并获得成功的环境。他们对多样性和包容性的价值观并不涉及任何政治的色彩，他们只是希望找到一个能够接纳他们特立独行，又能够给予他们施展空间的环境。他们不在乎周围的人在衣着、饮食、种族、肤色、国籍等方面的差异，也不希望别人关注自己的各种癖好。他们喜欢跟自己不一样的人一起生活，一起工作。对于泰勒制的管理和职业装的束缚带有反感，对乡村文明"每个人都能从邻人身上看到自己"的生活环境感到厌倦。他们对新潮和好玩的东西，对好的创意和非凡的技术怀有极高的兴趣。

创意阶层在工作方式、个人偏好和价值观等方面的相似性使得他们成为一个具有某种程度的共同属性的阶层。但是，佛罗里达教授的"阶层"概念，并不是马克思意义上的"阶级"，并不是通过财产、资本和生产资料的所有权来探讨的，也不是从阶级对立的方面来界定的。他只是关注到有一部分"新新人类"，他们拥有某些共同的属性。

第一，创意阶层对环境有个性化的要求，自然环境的舒适度，建筑环境等城市景观所带来的审美享受。在过去，人们可能倾向于选择一份工作，然后在假期和周末再出去享受休闲和娱乐的时光。而现在的人们（尤其创意阶层）则希望每天上下班的途中、工作地点的窗户外面，都有令人赏心悦目的风景。因此，城市建设中一条林荫道，一条自行车道可能胜过一座足球场馆带来的吸引力，一条步行街甚至强过几座商厦。

第二，创意阶层对交往活动有着近乎痴迷的热情。他们不再满意与向别人介绍自己的工作和单位，他们急切地希望自己工作之外的生活能够得到认同。"他们既希望在自己生活的地方积极树立自己的身份，又希望致力于把社区建设成为一个能够反映自己身份、又能够使自己的身份得到认可的社区。"①

第三，创意阶层对能够营造氛围的事件有着很强的偏好。咖啡厅文化、街头活动，各种文化节、艺术节、音乐节的活动能够让他们体验到激情，能够从中找到灵感和享受。第四，创意阶层认为丰富多彩的夜生活也是城市值得居住的一个指标。他们希望城市的夜晚能够提供各种各样的活动，希望自己能够参与其中获得放松和愉悦，并不一定要喝酒，但是酒吧是必不可少的公共空间。

---

① ［美］佛罗里达. 创意阶层的崛起［M］. 司徒爱勤，译. 北京：中信出版社，2010：264.

二、创意阶层的内涵："思"与"体验"的主体

从哲学的认识论层面来看,创意关乎笛卡尔(Descartes)意义的"思"和狄尔泰意义的"体验"。从一定意义上讲,创意阶层是"思"和"体验"的主体,这两方面的活动给予了他们以灵感和创意,也给了经济生活以变化和革新的可能选择。

笛卡尔在现代哲学的起点上抛出了一个重要的命题"我思故我在"。他以一个笃信理性逻辑的哲学家的严谨,"为了清楚明白的理性原则而导致怀疑,由怀疑而必然坚信'我思'的不可怀疑和自明的必然性存在"①,于是有了"我思故我在"的命题。这是笛卡尔哲学的起点,也是我们感兴趣的地方。笛卡尔以对"我思"的确证和肯定而引导了哲学向现代认识论的转向,以"夸张的怀疑"启发了胡塞尔的现象学的"悬置",以普遍的怀疑得出了"我思"与"我在"的不可怀疑(他以怀疑一切的态度开始,便得到"我怀疑"这一活动必然是不可怀疑的,是得到确证的。因而以怀疑、设想、愿意或者不愿意为内容的"我思"就成为认识的阿基米德点,"我"就成为确证知识的最后根源)。然而这种对既有知识的怀疑并不必然证明既有认识的虚假性,这只是追求确证知识的一种策略,是出于思考程序审慎考虑的暂时搁置。而这种"怀疑"与"悬置"的方法恰恰是创意的原点。

大哲学家斯宾诺莎说"规定即否定"。城市文明的传承使得知识的积累超越了人类寿命的局限,它带来这一好处的同时也隐藏着挑战。我们在时间绵延至今所既有的事物面前,在所有的知识面前总是有一种习惯、一种记忆。这种"有"在我们的认识领域构筑了一种规定性,这种规定性否决了其他的可能性。亨利·福特有句名言"如果我要是问人们想要什么,他们一定会说要一匹更快的马"。这里,马便是一种规定,如果你的思维里这种规定足够强大的话,你永远也不会想到汽车这样一个"更快的马"的意象。也许这看起来像是一个古老的故事,然而它确是真实的、长新的。而笛卡尔的"我思"则将认识论的问题直接锁定在主体上,"我"就成为了确证知识的最后根源。他在其哲学名著《谈谈方法》中从个体的角度谈到为什么要对以往领受的各种知识进行怀疑,说是年幼时,知识的领受都是不假思索的非理性行为,而审慎和严谨的哲学态度需要对一切进行怀疑以得到确证。汽车的发明便是源于这种"思",它将一切既有的知识、思维和概念中的规定性都先搁置,打碎了

---

① 谭裴麒. 笛卡尔的"我思"理论及其内在矛盾[J]. 哲学研究,1997,(3).

"马"的形象，才使得汽车的发明成为可能。

然而，打碎了既有知识所形成的规定性，仅仅是创意过程的第一个阶段，接下来如何获得适切的新知识，如何构筑创意的新的规定性（代替马的汽车如何在创意者的脑中形成一个具体的形象），这成为一个新的挑战。"我思"的"我"（这一认识的主体）如何继续认识和创造（思维层面的创造）的过程？狄尔泰的"生命认识论"给了我们答案。

狄尔泰以"体验—表达—理解"这一组范畴阐释了其精神科学的基本对象，他认为精神科学以生命去认识生命，从生命去解决生命问题，"精神科学就建立在体验、表达和理解三者的关系基础之上"。他认为哲学应该从"生命"和"整体的人"出发，它与现实社会中具有知识、情感、意志的人密切相关，反对康德等人只关注纯粹的理性思维活动。首先，他认为，体验从经历而来，不仅与经历一样具有直接性，还从过去的经历中获得延续和意义，体验具有社会性、时间性和直接的给定性。体验虽然进入个体，但却受个体所在环境和社会的影响；个体体验的时间是"现在"，即使"现在"是时间进程的最小部分，它还是有一段过程（这里狄尔泰的思想与柏格森的时间绵延说相近），"现在"渺小得几乎为无，我们所体验到的"现在"，总是包含在对刚刚过去"现在"的记忆；通过经历人在自我意识中获得直接给定的东西，过去发生的事情被唤醒。人在这样一种生命鲜活的体验之中，获得创造的资料库，获得创意的灵感，这弥补了"思"的冰冷和抽象。紧接着，表达以体验所获得的直观和碎片化的资料库为基础进行创造。在狄尔泰那里，表达具有创造性、适当性和有效性，表达不仅体现和反映我们所知道和感受的东西，还把某些东西从人的无意识的深处顺便挖掘出来，"在体验里，我们既不能在自我的发展形式中，也不能在自我的深处认识我们自己，表达把某些东西从深处挖掘出来，因此，表达具有创造性"；表达还要与描绘对象相适应，而不能仅仅把世界想象成什么样子就描绘成什么样子；表达的有效性直接指向理解的目标，使自己对潜意识的东西有明确的把握，使他人对表达内容有所领会和认同。俗话说，教学相长，其实不光师生之间，任何表达和理解的主体之间都存在这种交往过程中的思维创造（创意）功能。就像汽车的发明一样，造船的引擎、马拉的车厢、更快的马等这些零碎的体验形成的记忆累积在我们的大脑里，在受到某种表达的需要时被挖掘出来，被唤醒，我们就会急于把体验中的那个"后来我们称为汽车的东西"逐渐地从抽象的思维混沌引向具体的形象。

于是，经历了"思"和"体验"的过程，我们破除缰索，积累素材，以思维的严谨和生命的鲜活完成了思维的创造性活动（创意）。先从有形的物象（比如马）开始，进行"我思"的主体性追问,用夸张的怀疑彻底打碎一切思维的缰索和牢笼。我们的思维便从"有"进入到"无"的境地,而这种我们思维所处的"无"的境地并不是虚空,也不是"前一刻死掉,此一刻重生",过去的一切都以生命的体验和时间的绵延而围绕在"此在"的我周围,在这种"无"的混沌之中,一切体验的记忆和潜意识素材并没有远离我们,表达和被理解的需要促使我们在这种混沌之中抓取东西给表达的对象看(和理解),言传也好意会也罢,表达和理解的双方以交往的热情和主动逐渐地从"无"又生出了"有",有形象、可表达、可理解意象和物象(比如汽车)进入我们的视野。

三、创意阶层的价值:知识进化的基础

上一节说的是个体的创意,这一节我们将视角转到整体上来。从整体的层面来看,进化认识论的观点认为,创意和创新有三个需要注意的环节:绵延至今的时间所留下的财富,此在个体的"思"和"体验",未来现实的证伪和选择(过去—现在—未来)。

柏格森(Bergson)因其名著《创造进化论》,以哲学家的身份获得了诺贝尔文学奖。他在书中提出了"绵延"的概念,以"变化是连续的"过程概念碾碎了机械唯物主义"飞矢不动"的悖论。时间道路上事物并没有每时每刻的死去和新生,"整个过去每时每刻都在追随我们:我们从童年时代起感到的、想到的和期望的东西都集中在将会合这一切的现在,力图撞入想把它们排除在外的意识之门。大脑的机制就是为了把差不多全部的过去压抑到无意识之中,只把能解释目前的状况、有助于正在酝酿中的活动、能进行一种有益的工作的东西引入意识之中"。① 人作为有意识的生命,"存在在于变化,变化在于成熟,成熟在于不断地自我创造"。这种个体的进化和成熟还只是整个历史的渺小段落,它因生命的终结而受到限制,而个体的小段落又积淀到城市的绵延之中,城市(乃至整个人类历史)的绵延留下了宝贵的财富。其中有景观的、物质的,"每一代都从其上一代那里接受了一定的生产力"。当然也有智力的积累,恩格斯在其《自然辩证法》一书中论及自然科学时称,"由于它承认了获得性的遗传,它便把经验的主体从个体扩大到类;每一个体都必须亲自去体验,这不再是必要的了;它的个体的经验,在某种程度上可以由它的历代祖先的

---

① [法]柏格森. 创造进化论[M]. 北京:商务印书馆,2004:10.

经验的结果来代替"。① 在时间的绵延里，不单自然科学，一切科学和人类意识都有这种传承的机会。这遗留下来的、积淀下来的、绵延至今的东西（物质的和精神的）既是一种财富，也是一种负担。没有他，我们的"进步的理念"便无从谈起，然而它又恰恰是阻碍进步的一个最大的因素。

过去的遗产需要"现在"的扬弃，需要创意的个体以"思"和"体验"的身体力行去探求新的出路。这样的"思"和"体验"在我们的生活中每一秒都在进行，每个人都在参与。然而参与的程度却不同，由于历史的和现实的原因所遭受的阻碍也不尽相同。有的可能摆脱不掉资本的座架和组织管理的机械规制，由行动的僵化而导致了思维的固化，没有了"思"的能力。有的可能由于"体验"的不足而陷入没有任何有效性和创造性的孤独沉思，有的可能在从"无"到"有"的艰难中因气馁而仅留下一声叹息。而获得有形意象的也可能由于经济的、技术的，乃至社会和文化的因素而得不到实现。情况千差万别，不一而足。仿如生物的进化，人类的知识也在绵延的基础上探索出千百条不同的进路和方向。正如卡尔·波普尔（Karl Raimund Popper）所说，"理论是任意创造的，是为了解决各种问题而进行的猜测，不同的科学家各自有着不同的想象力和创造力，其各自所进行的大胆尝试性解释各有所长，从而造成各种理论猜测之间的激烈竞争，这种竞争就像达尔文所说的物种间的生存竞争一样，是通过各种科学理论之间的生存竞争和自然选择而实现的"②。进化认识论的奠基人唐纳德·坎贝尔（Donald Thomas Campbell）也指出，在理论创新活动的最初，产生潜在的新知识的过程是盲目的，因为知识主体（"思"的主体，"体验"的主体）无法预见和预知到他们会发现什么，也无法知道所发现理论是否有效，他们只是盲目的进行试错。这众多的个体所进行的试错是各有风险和成本的，有些在没找到出路的时候就夭折了，而有些则暂时能够解释现象和指导实践，直到被新的经验、新的"思"和"体验"所"证伪"，但"生命"总会重新找到出路。

由此可以看到，创意阶层的存在为认识的进化提供了为数众多的基础，提供了可供选择的出路。经济要繁荣，就需要这种大众创新能够蓬勃不息的涌现，既要数量多，又要不断持续。因为，在创新取代制造成为经济生产的主要元素之后，创意逐渐成了经济发展的重要资源。企业内部的自主研发（R&D）已经不能满足需要，其较高的成本投入也难以跟几乎没有成本的草根阶层的大众创新相媲美。大众创

① 恩格斯. 自然辩证法[M]. 北京：人民出版社，1971：244.
② 何云峰，金顺尧. 关于进化认识论的研究[J]. 浙江社会科学，1998：(5).

新的过程在企业组织之外进行,在过程上是在熊彼特意义的商业创新之前,大量的试错成本和风险不需要企业或投资人承担。创新和创意是决定着经济繁荣的根本因素,而人是创新和创意的主体力量。而不论这些创新和创意的活动来自谁,是英雄还是大众,是精英还是草根,都有着影响城市未来的力量。这有着生物进化的寓意,创意阶层的创意活动提供了庞大的可供选择的"变异"路径,技术、成本收益、市场偏好等经济的指标则成为"选择"的标准,"变异—选择"的综合过程构成了经济的演化。

因此,要维持这种知识进化的顺畅,城市便有了几个方面的工作:第一,以开放的心态敞开城市的大门,面对一切时空广度的知识冲击,营造多样性和密集度;第二,激发创意阶层的创造性活动,以维持庞大的知识变异的基数;第三,以政府的权力协调平衡。大众创新的成本被刨除在企业之外,形成了淘汰和选择之后的城市知识生态要想维持创新,必须要有顶层的干预。毕竟,经济社会里没有自然生态中的"过度繁殖"以满足选择的需要,这也是为什么彼得·霍尔爵士充满遗憾地宣称,每个文明在出现爆发式的繁荣之后一二十年便迅速地走向衰落。如今各创意城市理论所宣扬的全球范围内争夺"创意阶层"的竞争只是点明了局部的和短期的问题,有些城市的繁荣是以其他城市的衰落为代价的。而要保证全球范围内城市的持续繁荣,必须要使得每个人具有的创意潜质,能够无碍地运作,营造出创意劳动的节奏。

第二节　创意与"劳动之外"的生活

创意劳动需要与异化劳动不一样的节奏,需要冲破资本的座架,打碎泰勒制和福特主义的组织模式。从某种意义上说,异化劳动之外的劳动就是创造性劳动,就是创意劳动。虽然创意是人先天的潜藏禀赋,但是其释放和转化需要环境的支持。创意在更加弹性化、个性化和自主化的环境中才能够蓬勃发展,在生活、休闲和娱乐的场所,在资本主义异化劳动之外的节奏中才能够发挥得淋漓尽致。因此,创意型城市需要注意的就是要打造这种能够容纳创意的生活节奏,它能赋予创意阶层以思想的解放,能够使人的本质更加的丰富和鲜活,同时也必然使经济的成就更加的突出。

一、"劳动中"与"劳动之外"

马克思在论及资本主义异化劳动的时候曾说，"劳动对工人来说是外在的东西，也就是说，是不属于他的本质；因此，他在自己的劳动中不是肯定自己，而是否定自己，不是感到幸福，而是感到不幸，不是自由地发挥自己的体力和智力，而是使自己的肉体受折磨、精神遭摧残。因此，工人只有在劳动之外才感到自在，而在劳动中则感到不自在，他在不劳动时觉得舒畅，而在劳动时就觉得不舒畅"[①]。从某种意义上理解，我们也许可以认为马克思所批判的"异化劳动"的反面便是"创意劳动"（创造性劳动）。但是在资本主义的生产方式当中，异化劳动几乎充斥了劳动的所有内涵和外延，劳动即等于异化劳动，"创意劳动"也就无从显现。资本主义生产方式下的劳动，使得人同自己的劳动产品、人同自己的生命活动、人同自己的类本质相异化，从而人与人也就相对立。

因为在"劳动中"，劳动产品不属于自己，劳动过程不受自己支配，劳动从满足"需要"降低为"满足劳动之外需要的手段"。这一切，在社会中表现为人与人相对立的情况。只有在"劳动之外"，人才能感到"自在"和"舒畅"，才能够摆脱异化劳动的束缚。马克思区分了"劳动时间"和"自由时间""不工作的人"。其中自由时间可以理解为"个人受教育的时间、发展智力的时间、履行社会职能的时间、进行社交活动的时间、自由运用体力和智力的时间"[②]。"自由时间"是"劳动时间"之外再除去吃饭、睡觉等恢复体力和精力的必要生理时间，所剩余的自由支配的时间。"自由时间"在不同的人之间，在不同的历史时期有着很大的差别。就像凡勃伦（Veblen）在《有闲阶级》一书中所指的一部分人，可以不用为了生存而劳作，他们在有人供养的情况下，自由时间相当充裕。在资本主义时代，除了受资本支配的无产阶级之外，资产阶级包括熊彼特意义上的"企业家"都是拥有自由时间的。在不同的历史时期拥有"自由时间"的群体是不一样的，而且最广大的劳动者的"自由时间"也随着生产力的发展和阶级斗争而不断延长，如今双休日、8小时工作制等斗争结果以法律的形式被保障和传承下来。马克思曾对这种生产力发展创造的"自由时间"增

---

① 马克思.1844年经济学哲学手稿[M].3版.中共中央马克思恩格斯列宁斯大林著作编译局，编译.北京：人民出版社，2000：54-55.

② 马克思，恩格斯.马克思恩格斯全集[M].第23卷.北京：人民出版社，1974：294.

加的可能性有过论述："如果把资本创造的生产力的发展也考虑在内,那么,社会在6小时内将生产出必要的丰富产品,这6小时生产的将比现在12小时生产的还多,同时所有的人都会有6小时'可以自由支配的时间',也就是有真正的财富,这种时间不被直接生产劳动所吸收,而是用于娱乐和休息,从而为自由活动和发展开辟广阔天地。"①在这种"自由时间"之中,还有所区分:一种是普通的休闲、娱乐等消遣活动(kill time);另一种是更高级的、能够发挥人的本质力量的活动,它能够通过创造性的活动而获得自身能力的提升或者创意和创新的成果。

社会的演进使得"劳动中"和"劳动之外"的情况都有了一定程度的转变。文化产业的兴起、大数据和网络社会的普及、全球化的竞争都对资本主义生产方式有了一定的挑战,从而也使得劳动的形式有了一定的转变。第一,"劳动之外"的比重有所增加,资本主义劳动在时间上的控制范围有所减少。第二,这两个领域劳动的方式都有了一定程度的转变。在"劳动中",尤其在"创意阶层"所从事的行业之内,由于对他们的劳动具有支配权力的人所要求的不是机械化的劳动成果,而是创意性的新东西(设计、编剧、小说等创造性的产品),因而从方式上对他们的劳动组织也有所转变。对于衣着、工作时间、工作场所等都有了更加弹性化、人性化的管理和要求。"劳动之外"的创意活动对经济生活越来越具有举足轻重的作用。

因此,企业和城市对于人们在"劳动之外"(不以命令和组织为特征的经济生产活动)的活动有了更高的关切。在全球化的城市竞争中,更多的生活、休闲等直接与劳动者相关的因素被以更认真的态度进行考虑,而对于交通、写字楼和厂房等硬件,以及税收优惠政策等针对企业的做法不再被十分地看重。在全球的争夺中,个人劳动者(创意阶层)成了比企业更受青睐的经济主体。

二、生活、休闲与创意

既然"劳动中"的人将自己的劳动力作为商品出卖给雇主,在工作的时间之内以"服从命令和规则"来获取报酬。那么,创造性和创意便成为"企业家"和"创意阶层"的专利,成为"有闲阶级"的特权②。我们前面论述了"企业家"和"创意阶层"的

---

① 马克思,恩格斯. 马克思恩格斯全集[M]. 第26卷. 北京:人民出版社的,1974:280-281.
② 有闲阶级的自由时间更多地被用于"既炫耀财富又消磨时间"的活动,他们附庸风雅,炫耀自己的财富和闲暇,他们的生活中充满了符号性的东西。他们与"创意阶层"和"企业家"有着根本的区别,他们有创意和创新的时间和能力,却懒散度日,完全没有"企业家"和"创意阶层"那样勃发的创新精神和紧张节奏。

概念,他们并不是像"有闲阶级"一样固定地指向某一个人群,而是芸芸众生当中的部分群体因为做出了创新和创意的活动而成就的称号。这样的创意可以来自"有闲阶级",也可以来自普通阶层在"劳动之外"的活动。创意便与生活和休闲有了紧密的关联。

劳动之外的时间可以用于单纯的消遣,可以用于为劳动时间准备好身体、心理的状态,也可以用于自我发展和创造。创意并不必然地出现在你伏案工作的苦思冥想之中,它极有可能出现在你午后漫步的时候,出现在你刮胡子的时候,甚至出现在你的梦里。更多的时候,你在生活和休闲之中的轻松状态和愉悦体验,你在酒馆或咖啡馆跟他人的一次闲谈可能会带给你工作的灵感,带给你一个全新的创意。创意阶层的崛起使得越来越多的人以"创意"作为自己工作和立身的根本,而他们必然要更加地注重生活的体验。他们既需要网络世界的魔幻和新奇,也需要现实生活街区的鲜活和真实。他们对充满激情的、充满挑战的、能够接触到多维视角的体验生活情有独钟。他们喜欢本土的街头文化,喜欢充满小酒馆和咖啡屋,并有着游吟诗人和弹唱歌手的、充满奇趣的生活场所,喜欢各种风情的城市景观。在这样一个场所里,没有旁观者,没有欣赏者,舞台和看台的界限彻底模糊,人人都陶醉其中。

这样的体验式生活是创意活动的必备条件。正如罗杰斯(C. R. Rogers)所阐释的,创意和体验之间有着必然的联系:"当人们对自己的所有体验完全'开放'的时候……他的行为就会富有创意,而且这种创意具有本质上的建设性……这一点已经得到证实。对于这些对个人体验完全接纳的人士来说,各种刺激就会得到充分的传递,而不会被任何抵触过程所扭曲。不管这刺激是来源于环境,还是源自形状、颜色或者声音对感觉神经所带来的影响,再或是来源于个人内心深处……这些刺激都可以被我们感知到……这是另一种对体验的开放性描述方式。开放就意味着在理念、信仰、感知和假定方面,不再存在刻板的和相互制约的分界;意味着能够容忍模棱两可的情况;还意味着在某种情况下可以接受相互冲突的信息而不用急于下定论……在这种情况下对所感知到的各种刺激完全接纳,我认为,对产生建设性的创意来说,是一个不可或缺的条件。"[1]在第四章的案例中,都柏林的圣殿酒吧街之所以带来了创意和经济的贡献,是因为其体验式的生活和休闲。"创意是多维的,它并不像某种工具那样,可以被你收在盒子里,等工作时再拿出来用。如果没

---

① [美]佛罗里达. 创意阶层的崛起[M]. 司徒爱勤,译. 北京:中信出版社,2010:197-198.

有音乐和艺术，你们很难在高科技领域进行创新。所有形式的创意都是互补的。"①佛罗里达教授一次在奥斯汀 360 峰会的演讲中，这样总结创意和体验式生活之间的关系。可见，创新既以科技的力量为基础，又离不开生活中的创意，这些创意恰恰来自生活的体验，来自音乐和艺术的灵感，来自人群酒神精神的狂欢。

这里还值得一提的是，生活和休闲应该具有教化的意义，才能够激发创意。正如前面说过的"有闲阶级"的生活和休闲并不构成创新经济的爆炸式增长一样，一般劳动者对历史斗争得来的"自由时间"的应用也需要引导，才能够与创意产生正向的关联。文化产业、大数据、网络社会、体验经济等城市生活的新内涵，给城市经济生产的扩展提供了新的领域，新产品、新观念、新服务给城市居民也带来了挑战。城市既需要培训新经济的生产者，也需要培养新经济的消费者。不断演进的城市生活对生产模式提出了挑战，它既提供了创新和创意的可能性，也对经济的主体提出了挑战。新产品的生产和消费都需要人的习惯的改变，这既需要生产过程中的学习，也需要生活和休闲之中的学习。

三、创意劳动的节奏

创意劳动与异化劳动有着不一样的节奏，它需要劳动者获得足够的自主性，一方面摆脱掉生产关系上的控制；另一方面克服掉思维层面的束缚。它是"在知识积累的基础上，面对新的问题，运用创造性思维，形成事物之间全新的结合方式的活动，是感性化思维和理性化执行过程有机结合的创造性活动"②。创意劳动的"感性化思维"来源于生活的柔性环境，而"理性化执行"则来源于科技和经济的刚性约束。

首先，创意劳动是创造性和个性化的劳动，是自由自主的劳动。从劳动的程序上来看，它不是流水线式的标准化作业，不是卓别林的喜剧《摩登时代》里的程式化的、可被机器替代的简单操作。它是画家作画、音乐家创作音乐，是即兴的舞蹈等，其中留有执行者的个性化印记，有着不落俗套的创造性和吸引人的魅力。它的产品是一种新东西，比如乔布斯团队在苹果手机中付出的劳动，并不是发明了第一部手机，但是它设计和生产出来的手机又有着根本的不同。除了技术上的指标，运行

---

①　[美]佛罗里达.创意阶层的崛起[M].司徒爱勤,译.北京:中信出版社,2010:233.
②　李喆.创意劳动论[M].北京:科学文献出版社,2012:37.

得更快,使用的更方便等之外,更重要的是,它体现着一种设计理念。产品更简单,更美,使用上更亲民,通过苹果的符号还传达着"改变世界"的理念和想法。从生产关系上看,创意劳动从一定程度上摆脱了资本的支配和控制。与"服从命令和规则"的普通劳动相比,创意劳动颠倒了劳动和取酬的时间顺序。创意劳动不再是先签订合约,出卖自己的劳动力商品,按照合约的规定完成既定的任务;而是自己有了创意,并通过一段时间持续的努力做出了某项成果,再寻找投资或出卖专利的取酬方式。这一转变,从本质上解决了劳动受资本座架的困局。在劳动的过程中和劳动的产品上,劳动不再是跟劳动者相对立的事物,而是可以被劳动者自主支配的。创意劳动者有了一个创意之后,可以决定自己做不做一个尝试,成功之后也可以自己决定接受谁的投资,并在收益分配上有着巨大的优势。比如,Facebook,一个由哈佛大学的辍学学生马克·扎克伯格创立的社交网络服务网站。最初只是哈佛校内的一个分享照片的小小的电子平台,由于受到欢迎,用户数量持续快速增长。网络人气使得该项目第一年(2004)就得到 50 万美元的"天使投资",第二年又拿到 1 270 万美元的风险投资。2010 年在世界五百强中超过微软,占据首位。它的成功便是自由自主的创意劳动的案例,他们在进行创意、开发和试错的时候,劳动并不属于别人,不在资本的支配之下,是闲暇(求学时代)的创意活动,成功之后,团队的创意劳动逐渐兑换出经济收益,单马克·扎克伯格一人截至 2008 年便拥有了 135 亿美元的身价。

其次,创意劳动有着严肃的、紧张的过程,需要脑力和体力的高度集中,并遵循技艺的和技术的刚性约束。创意劳动与休闲和娱乐虽然有着密切的关联,但也有着根本的区别。休闲和娱乐是体验式的放松,他们追求的主要是过程的刺激和愉悦,对结果基本上不存在任何追求。而创造性劳动(创意劳动)则对结果有着明确要求,这一要求甚至比一般的"异化劳动"中雇主所规定的要求还要严苛。因为有了对结果的在意,创意劳动的过程便充满着脑力和体力的紧张状态。虽然创意的最初灵感可能来源于休闲和娱乐过程中不经意的灵光一闪,但是接下来便进入了劳动的严肃过程。在这个严肃的过程当中,"感性化的思维"需要在"理性化的执行"中达到预想的效果。这中间既有着持续的试错过程,也有着很大的风险。理性化的执行过程中,可能由于没有达到完美化的尺度而需要重新来过,也可能最后证明即便完美的执行也无法完成感性的设想(证明创意是不可行的幻想,或者是现有技术条件暂时无法达到的梦想)。除了劳动的自主性、感性化思维和理性化操作的二重性之外,创意劳动还对场所的环境和人际的感觉有着一定的节奏要求。对场所的要求包括两个方面。一是工作场所的"无领化""无场所化"、柔性管理、弹性制度。创意劳动者要在劳动中保持一种随性的自由感觉,对于服装的齐一化要求、固定地点和标准化办公场所产生的僵化气氛、对工作时间的精确规定和各种各样的无关大局而又有伤个性的规章制度持有强烈的反感。二是生活区域的休闲节奏和美丽景观。由于创意阶层(包括其他创意劳动者)的生活和工作是"你中有我、我中有你"的交融状态。劳动和工作在他们的脑海里,时而在意识层面,时而在潜意识层面,他们随时随地的生活、休闲和劳动都能够激发灵感和想象,能够让他们随时投入创造性的劳动过程,因而他们对生活的节奏也有着很高的要求。酒馆、咖啡、文化节、夜生活等的多姿多彩是他们的基本要求。

对于人际方面,创意劳动需要一种疏离和紧密的结合、网络虚拟交流和面对面交流的和谐。在摆脱了生产程序和雇主的机械化管理之后,弹性化的生活当中还需要人际的交往更加深入和多样化。网络的、全球化的交流和面对面的咖啡馆闲聊相互调节。这样的人际关系既不会僵化思想,又能够时不时地激发创意。我们之前论述的各种风情和景观的酒吧街、咖啡馆,丰富多彩的夜生活、城市蕴藏的文化底蕴、事件和节庆等活动、大数据和网络社会等因素无不彰显着创意劳动的节奏。从一定程度上讲,这种节奏是由创意阶层所带来的,他们的数量和精英地位使得他们的生活方式受到城市和企业的尊重,受到普通大众的追捧和效仿,逐渐地,形成了一种整体的节奏。

第三节　创意阶层与城市的相互创造

除却交通、管道、高楼等各种物质的存在形式之外,城市更加本质的东西便是人的聚合,是个体和经历的多样性聚合。城市是人类的集合体,没有了人类,城市便只剩下废墟和遗迹;没有了城市,人的存在也必然是另外一种状态,也许会如原始乡村一样周而复始。总之,"我们塑造了城市,城市也塑造了我们"①。而在这个双向的塑造过程之中,并不是每个人都具有均质化的贡献和回报。人们对城市精

---

① ［英］约翰·里德. 城市[M]. 郝笑丛,译. 北京:清华大学出版社,2010:1.

神的影响和贡献是不一样的，人们从城市生活中所获得的教化和提升也是不同程度的。但总体来讲，人与城市是处在一个不断相互创造的永恒过程之中的。

一、创意阶层对城市的塑造

城市是人类的发明，它不断地被建造，新城崛起，旧城也没有一座和它当初被建造时一模一样。城市可谓是历史的积淀物，生活于其中的人们不断地改造着城市的面貌和精神气质。社会意义上不同质的个人聚集在城市里，相互之间交流和融合，并雕刻着城市的形象。这种形象并不是一时的作品，它是自城市建造之初便一直持续的、永无止境的工程。历史的建筑可能由于改建或自然原因而消失不见，而沉淀在城市文化之中的东西，永远不会消失得一干二净。但是，这种城市的记忆，在城市发展的过程中虽能够延续下来，但是旧有的文化却不断地接受着新的事物的冲击。绵延之中有变迁，变迁之中也有传承，这种跨越时空的积累沉淀出城市的形象。

每个城市都具有这种由历史积淀所决定的城市形象（城市精神），其中有些城市有着明显的主流精神特质。在摆脱了最基本的物质生活的困扰之后，城市便进入了关心城市精神的阶段。而全球化时代，在单一消费主义文化的强大压力之下，城市面临着多元文化被削弱的危险。有些城市简单的屈从全球化，成为没有特点、没有个性的一个地点（没有标志的随便的一个经纬坐标）。而更多的城市成为越来越多的人反对文化同质化和齐一化的战场，许多城市积极的制定各项政策、投入人力物力进行保护其自身独特气质的活动。

拥有明显的精神气质的城市往往具有较高的国际声誉，它吸引着大量的游客和居民，其中很大一部分是追逐个性张扬的人才，他们或许就是"创意阶层"的一员。在这样的城市里，多样化个体之间的交流和融合并不会造成齐一化的危机，反而会催生更加深刻的多样化，增加了城市的趣味性和愉悦性。贝淡宁（Daniel A Bell）和艾维纳（Avner）总结了六个有利于推广城市精神的因素：①这个城市得没有贫富差距或民族和种族群体间的巨大鸿沟；②某个城市和另一个城市有长期的竞争关系，这往往发生在一个国家内部；③城市的身份认同受到外来力量的威胁，因此，居民拥有一支强大的动力来争取维持这种身份；④城市有实质性权威来推行法律、条例、地方法规，以及保护和繁荣其特别身份和精神的规定；⑤城市拥有或者曾拥有伟大的城市规划者，他们用道德的、政治的或法律的权威来推行旨在利于实现共同的公共思想的城市改造计划;⑥一个外部机构如广告宣传活动或电影给城市贴上拥有某个特征的标签。单独来看,这六个因素中没有一个必要或足以创造、繁荣一种精神气质,但每个因素确实增加了成功的可能性。①

可见,城市精神气质的创造和繁荣需要个体的参与,而且这些参与塑造城市气质的个体之间存在着较大的差异。历史唯物主义的观点肯定大众在社会发展过程中的作用,肯定广大"群众"的巨大力量。我们在这里所区分的个体在塑造城市的过程中所体现出来的差异,并不是要贬低大众和草根的历史价值。相反的,在如今创意和创新成为硬通货的时代,在创意型城市,草根创意是推动经济发展和社会进步最理想的力量。正如黑格尔所言,每一个时代都有一个时代的精神。而这种时代的精神的"现实性"和"合理性"正在于它代表了社会进步和发展的方向。当下,创意阶层具有追求创意、身份认同和价值体现的愿望,也具有适应时代的能力和才赋,必然代表着城市发展的方向。而在新的一轮塑造城市的革新运动之中,他们必然发挥巨大的能量。

因循守旧的人和墨守成规的人对城市精神的塑造并没有多少作用,他们延续的是历史上的创意人士所成就的习俗和文化。他们继承和延续着城市的记忆、习惯和传统,他们只是在城市的形貌之外温柔地抚摸,几乎不会改变城市的气质。而创意阶层则对历史的积淀形成挑战,他们以自己的创意和意志力对城市形貌进行改造,进行雕刻。"尽管创意城市中无须人人都充满创意,却依赖于关键多数人都是心胸开放、有勇气,并具备新鲜观点的思考者,因此需要让创意人才在策略点上有所发挥。在策略性安插下,少数创意人才若身居富有影响力的适当职位,虽未必掌握大权,但却可以使城市脱胎换骨。"②创意型城市正是要通过这种"策略性安插"充分地发挥创意大师的影响力,通过创意阶层对城市的塑造来推进城市的发展和创新。当然,创意型城市的打造还需要同时营造一种创意的氛围,使得因循守旧的人能够更加开放,更加容易接受新的、适时的变革,不再对创新和创意抱有敌视和加以阻挠;同时教育更多的人(可能如佛罗里达教授所指的"核心创意群体"之外的创意人士),使得他们在更广大的市民之中传播创意大师的理念,带来更加丰富的草根创意和创新;使得城市里居住的普通民众能够消费创意带来的产品和服务,能够认可创意带来的景观和价值理念。

---

① [加]贝淡宁,[以]艾维纳. 城市的精神[M]. 吴万伟,译. 重庆:重庆出版社,2012:12-13.
② [英]兰德利. 创意城市[M]. 北京:清华大学出版社,2009:169.

创意型城市的实现所依赖的正是这样一种圈层式的网络和组合架构。创意大师、创意阶层、新潮和时尚的人群、普通大众、因循守旧势力等共同作用于城市的习俗和传统，在原有的（历史积淀的）城市精神、景观、组织等方面进行创新和雕刻，并进而形成不断演进（太阳下面每天都有新事物）的城市形貌和精神气质。

二、城市对创意阶层的塑造

没有人类城市就不复存在，而没有城市人类能否存在呢？也许可以，但是人类的存在方式绝对不会如城市框架下一般充满进步和创新。可能会是乡村文明的周而复始、恬静安详，同时也止步不前。城市之所以能够使人类社会不断进步，主要是因为城市能够在保存和传承文明成果的同时进行创造。通过对人的教化，获得引领城市向前进步的力量。城市能够超越人类寿命的极限而进行知识的传递和文化的传承，即是因为它可以把历史纵深上积淀的人的创新和创意以一种文化和城市精神气质的方式传递给现代的市民。通过对市民的教化传递文化，也在这种传递的基础上进行创新和演进，这便是文明进步的根基。

在我们创意型城市的视角下，城市对人的教化体现在三个方面：①是创意氛围对创意大师和创意阶层吸引和对他们灵感的激发；②是对普通市民的熏陶和教育，使得他们获得精神的富足和享受，能够在城市的品质中获得成长，并进一步加强城市的多样性和包容性；③是对守旧势力的冲击，使得城市的发展和进步能够更加的平滑，使得城市在面临挑战的时候能够从容应对。

首先，创意大师和创意阶层对生活有着近乎痴迷的要求，他们选择富有创意氛围的城市生活；他们对工作节奏有着不一样的要求，他们选择多样性、包容性和柔性化管理的地点工作。这就要求创意型城市能够通过自身的特质对创意大师和创意阶层有所影响。城市宜居的环境、能够激发灵感的景观、丰富多彩的节庆活动、绮丽多姿的夜生活，酒吧、咖啡馆、音乐馆、剧院带来了多样化的生活和交流碰撞的机会。这样的城市环境对创意人士有着很好的教化功能，或者更准确地说，城市的生活激发了他们原本具有的才赋，使得他们作为创意人士的特点更加彰显出来。

其次，城市就是一座大的学校，它对居于其中的市民不断地进行教化。海明威（Hemingway）在《移动的飨宴》一书中称，巴黎是一席移动的飨宴，它能够使得曾经生活其中的人们获得一种终生的财富，不论你将来去到哪里，城市生活的记忆会一直跟随在你左右,印记在你的性格和气质之中。① 然而,何止巴黎具有这种魅力,任何创意型城市都具有这种教化人类的功能。城市的生活印刻在个人的记忆里,城市的精神气质(那种历史积淀的,由历代创意人士营造出来的城市精神)也会对生活其中的个人产生终生的影响。创意型城市对于个人的影响是多方面的,它使得个体受"需要"和"利益"的引导积极地行动起来,去发现、去创新、去碰运气,去追逐利润和物质回报;它给予个人以思维的冲击,让他们积极地相互学习、捕捉来自外界的灵感、发现和解决新的问题;它还从文化的层面影响一代人的心灵状态和精神面貌。

最后,对于传统和习俗的挑战,使得在社会权威系统的人也得到教化。在与创意人士的较量和斗争之中,保守的权威受到挑战,在结果大白于天下之后,传统权威会进行思考和反思。古老的坚固的东西得以松动,而在其中的人则受到教化而成为新的思维的力量。也许,在新旧思维的较量之中,抵制创新和创意的人可能会败下阵来,企业也许会破产,会消失,而人却不会,他经历了现实的教训之后也许会有所领悟。

这种城市对人的教化包含在马克思交往理论的范畴之内。城市对人的教化其实是人与人之间的交往,这种交往包含两个方面的内容:一方面是"不在场"的人通过遗留下的文化与"在场"的人进行交往;另一方面是当代人之间的交往。前者便是"城市对人的教化"所意指的范围,"在历史的世代交替中,每一代都遇到有前一代传递给他们的大量生产力、资金和环境,即一定的物质结果、一定数量的生产力的总和。……但是,先辈遗留下来的物质财富在预先规定新的一代的生活条件,规定新的一代的发展具有特殊性质的同时,又为新的一代所改变"②。这种遗留和改变既包括物质方面的东西也包括精神方面的元素,这种跨越时空的交往塑造了世界历史演进和城市形貌的同时,也教化和塑造了人。现代的人通过城市与历史的人进行交往,从中受到了教化,成就了人的本质。佛罗里达教授的创意阶层思想深刻而富有创见,它揭示出了现代城市繁荣的秘密所在。他对以创意阶层为主的人对城市的塑造有着深刻的论述,同样重要的是,城市对个人也有着十分重大的影响。这种影响除了佛罗里达教授论述的"城市对创意阶层的吸引"之外,还有城市对创意阶层的孕育。在他的《创意阶层的崛起》一书中,数据显示创意阶层是一个

① Ernest Hemingway. A Moveable Feast[M]. New York: Bantam Books,1965:1.
② 范宝舟. 论马克思交往理论及其当代意义[M]. 北京:社会科学文献出版社,2005:126.

不断扩大的群体。而这种数量的扩大来自哪里呢，只能是城市对个人的教化。城市的教化功能体现在上述两个方面，既有当代的交往所带来的影响，也有跨越时空的交往带来的影响。

总之，城市给予个人的教化对创意型城市的绵延和发展具有重大的作用，它通过城市景观、城市文化、城市人的交往发生作用，既影响着创意大师和创意阶层，也影响着普通市民和传统权威人士，并进而不断雕刻着城市的形貌，推进城市的演化和文明的进步。

三、城市有机体创意的永续问题

目前，创意型城市的研究方兴未艾，对城市、经济、文化产业和创意阶层感兴趣的各学科专家都积极地探索，城市政府也大力支持和宣传。仿佛创意型城市是一个新发现的金矿，人人都希望尽快地从中挖掘出财富。创意型城市的研究，赋予了其符合时代的内涵：它需要依托创意阶层和高科技，开发文化创意产业无限的商机和经济价值。

然而，从更深层的意义上讲，创意型城市应该具有一种超时代的内涵。"20世纪的智者"汤因比曾经从"文化形态史观"角度提出了"挑战—应战"的命题。文明的孕育、发展、演变，乃至消亡都是由文明在挑战面前所选择的应战模式来决定的。如果一个文明在新的挑战面前失去了应战的能力，那么它必然会走向消亡；而如果文明在挑战面前及时地选择了合理的应战模式，那么它将走进新的时代。我们从城市的层面上看，在面对同样挑战的时候，哪些城市能够迅速地、以最明智的方式进行应战，则必然地引领时代潮流，造就一时的辉煌。我们在第二章第二节所论述的历史上的明星城市都是创意型城市的经典代表，如古典时期的雅典、文艺复兴的佛罗伦萨、工业革命的曼彻斯特、汽车时代的底特律都偶然而又必然地成就了伟业。然而，它们又无一避免地走上了下坡路，辉煌转瞬即逝。城市在维持其活力和创意的过程中，有两个需要警惕的危险。一个是"集体失忆"导致"活文化"的传承出现断裂；另一个是创意（某个创意或创意的某个成果）因其成功而受到过分崇拜并进而固化为阻碍新的创意的缰索。也许在文字、印刷术和互联网作为文化传播途径出现之后，我们再言及"集体失忆"可能显得有些杞人忧天。因为，毕竟书本、图像、网络、博物馆都能够存储和记录我们的文化，我们怎么会失去这个活泼社会的一切成果呢？我们不是像保存"上一季的桃子"一样鲜活地保存着我们的文化么？简·雅各布斯在《集体失忆的黑暗年代》一书里表示了深切的忧患意识。她指出，"文字、印刷以及互联网会给我们一种虚幻不实的安全感，以为文化是永恒的。其实，一个复杂的活文化中绝大部分的大量细节都不是经由文字或图像流传的。不，文化是经由言传及身教而存活下去的。""作为文化的接收者及创造者，我们都会有许多只能透过亲身经验来吸收的无数细节"①。我们在历史学家汤因比的文字里，在 20 世纪比利时经济学家和社会史学家亨利·皮雷纳（Henri Prenne）的文字里，随处可见文明覆灭后的黑暗年代，语言、技艺、制度乃至精神气质都被彻底地遗忘，为我们留下了惊叹和难解的谜题。年纪轻轻的"汽车之城"底特律不是也几乎一夜之间就破产了么？"创意型城市"不仅要能够为我们带来一时的繁荣，还应该能够为我们维持和发展城市文明的成果，警惕文化的集体失忆和经济的轰然倒塌。

另外，创意很容易从一个积极的力量转变成一个消极的力量。这一转变的实现在习惯于感性崇拜（各种拜物教）的芸芸众生面前几乎是自然而然的。起源于亚当·斯密的创意——自利和市场，如何逐步转变成了西方经济学的理性崇拜（张雄教授语），如何失去了经济学的哲学传统（罗伯特·席勒语），失去了自审和自我批判的能力？文艺复兴带来的繁荣景象最终转变成西方文化发展的障碍，成为启蒙运动剑锋所指的顽固势力，启蒙运动所张扬的理性旗帜又成为了后现代所指认的反动标志。回溯历史，我们不能说曾经改变世界的运动从一开始就不值一提，它们对于文明的进步而言是不可或缺的。然而，时代的局限性（或者不能称为时代的局限，因为它并不仅仅由于时间上的原因而然，它是进步的阶梯中不可或缺的一级，不经由它人类永远无法跳跃到新的时代）使得它在人们的意识里留下了坚固的印记，把人们的目光锁定在曾经的辉煌、曾经的黄金年代。

创意型城市应该警惕这两种危险，打造出一种面向未来的、充满创意的精神气质。而城市的文化应该不断地、永恒地在变化，又能够为持续的变化提供一个框架和语境。创意型城市应该在城市精神之中深植创意的元素，并时时呵护，排除掉任何可能遮蔽城市创意精神的障碍。从某种意义上说，"人是习惯的动物"。创意带来的成就很容易在人的意识里埋下一个强烈的印记，这种印记会产生思维的惯性，并逐步成为束缚创新和创意的"坚固的东西"。

创意型城市的发展离不开创意阶层，因为他们是塑造和改变城市形貌的领导

---

① ［美］雅各布斯. 集体失忆的黑暗年代［M］. 姚大钧，译. 北京：中信出版社，2007：5.

力量。同样,创意型城市的发展也离不开普通市民,他们是城市演进的主力军,是创意阶层影响的对象,也是创意阶层的生力军。从历史哲学的角度来讲,人塑造了城市,城市又反过来塑造了人。这样一个相互塑造的过程自城市出现开始便一直存在,并且在未来也将持续存在,并且以更加迅速和深刻的形式存在于城市和人之间。从这个意义上讲,城市是一个有机体,人与人之间的个体交往,人与城市、城市与人之间的相互塑造构成了一个有机的循环。在这个有机的体系之内,个体的人得以学习和发展,城市得以演化和进步。城市这一人类的伟大创意,内涵有不断自我完善的微妙机制。但是,这一自我完善的过程中,既需要人能够以"酒神精神"活跃其中,又需要人(至少是一部分创意大师)以"日神精神"凭高静观,通过"人—城市—人"的有机运转维持不断进步的状态。

第七章
大数据：创意型城市的新起点

我们对于"信息社会"的宣称由来已久，如今信息的爆炸式增长又由量变而引发了质变。大数据时代悄然而至，它从各个方面影响了我们的思维、工作和生活。大数据成为人们"获得新的认知""创造新的价值"的源泉，它对我们社会生活提出了挑战，也提供了机遇。创意型城市必须认清大数据实质以及它所带来的社会转折的契机，必须因应新的危机与挑战，以新的思维和策略吸收大数据的红利，并进行合理的风险控制。协调好顶层设计与大众创新的关系，平衡好公、私两方的生产力量和利益分配，把握公开与隐私、共享与安全的尺度。

第一节 "大数据"并不只是"数据大"

大数据的概念源于数据规模的爆炸性增长，然而它又不只是"数据大"而已，规模和数量上的跃进导致了质的转变。移动互联网、云计算等技术的进步使得我们对数据的搜集、整理和分析能力有了极大的提高。然而与这些转变相比，真正重要的却是数据本身和我们对数据的态度。创意型城市的发展之所以能够从大数据的理论和现实中汲取营养，根源即在于大数据（社会的信息化转变，包括量变和质变）

蕴藏着无限的经济价值和经济扩张的空间。从传统数据观念到"大数据"的质变包括以下三个方面：从随机样本到全体数据，从精确性到混杂性，从因果关系到相关关系。①

一、从随机样本到全体数据

我们国内经济学专业的学生会修一门专业基础课——概率论与数理统计，核心内容是要教我们如何从最小的数据规模当中获得最大的信息量，以通过归纳的方法完成经济学的判断。其中应用最广泛的一种统计调查方法即是抽样调查：按照随机的原则，根据样本的指标来推断总体的情况。在现实当中，全面的统计调查（如全国人口普查）需要相当大的成本，通常只有国家才能够支付得起，而私人企业和个人在搜集数据、整理数据和分析数据方面具有十分有限的能力。对这些主体来讲，最划算的手段便是随机抽样调查。根据概率理论，对随机抽样的样本进行分析，也能够得出相对令人满意的结论和洞察，并据此做出市场决策。根据统计学的原理，样本对总体说明的精确性随着采样随机性的增加而提高，甚至样本的随机性比样本的容量更加重要。

随机抽样调查的应用范围十分的广泛，它在各个领域当中也都获得了十分巨大的成功。政府、企业以及各种非官方和非营利的组织都将随机抽样调查作为获得信息的一种科学、快捷的方法。然而，这一成功的方法，这一搜集和分析信息的捷径有一些固有的缺陷。①对样本随机性的控制存在困难。不论是问卷还是电话，抽样调查的形式会或多或少地影响到样本随机性问题，当对调查结果进行子类别的细分更可能放大这种对随机性的偏离。②抽样调查的数据很难重复利用。在采样之前，统计工作需要先确定问题，然后设计严密的程序，以确保事先设计好的问题能够通过调查数据获得相对准确的答案。③类似个人 DNA 排序这样一个庞大的工程量随机采样已经无法给予满意的结果。"大数据"则突破了随机采样的局限性，这一进步得益于两个方面的技术进步。一是海量数据的可获得性。搜索引擎、网购、信用卡、社交网络（Facebook 等）、智能移动终端等构成的庞大的现代信息网络上，人们留下的各种数据（位置、消费、收藏、分享、转发等记录）每年数以 $ZB(2^{70}B)$ 计。二是大数据的可分析性。在海量的数据面前，数据处理功能

---

① ［英］迈尔-舍恩伯格，等．大数据时代［M］．盛杨燕，等，译．杭州：浙江人民出版社，2013：17-23.

和存储功能不断提升,数据分析技术也不断升级。这两个方面的技术进步使得我们既能够获得海量的数据(甚至是全数据),又能够存储、分析和利用海量的数据。更重要的是,这些数据被记录和存储下来之后埋下了矿藏,问题的设定、分析技术的选择、对待数据的思维等方面的转变和创新都会让人们在大数据之中寻得宝藏。

简单廉价的搜集方法、功能强大的分析工具使得大数据具有了"4V 的特征:Volume、Velocity、Variety、Value。Volume 指容量大,从 TB(2^{40}B) 级到 ZB (2^{70}B)级;Velocity 指数据增长速度快和处理速度要求快;Variety 指数据类型丰富,包括结构化数据和非结构化数据;Value 指价值密度低,即海量数据中有价值的数据占比小。"[①]然而大数据并不都是大到以"以太字节"计数,有些问题的数据是相对较小的,比如电影《点球成金》(moneyball)里面,统计和分析一个球员的数据,其数据量是比较小的,甚至还不如一张数码照片上的字节数量多。"大"在大数据里所指的更多是一种相对的概念,它主要指的是数据的全面性,是相对于样本统计的"全数据"的统计方法和思维。而在城市里,数以千万计的个人,众多的社区、企业、非营利性组织、协会等团体和各层的区、地、市各级政府,在自然资源和环境、软硬件基础设施和"文化—经济—社会"系统构成的开放的、复杂的生态之中所留下的位置信息、经济交易信息、文化交流信息构成了具有现实意义的"大数据"。除了营利性的企业积极地搜集和分析数据,并期待从中发现商业创新和盈利的机会外,城市也应该积极地融进大数据的潮流之中。

总之,大数据是一种对待数据的新态度,是从样本数据到全数据的一个转变。抽样的方法在有些地方还会用,但是在更多的情况下,我们会积极地获取和分析"大数据"。用大数据研究专家维克托·迈尔-舍恩伯格(Viktor Mayer-Schönberger)的话来说,"大数据时代进行抽样分析就像是在汽车时代骑马一样"。不用多久,分析随机样本的调查方法便会退缩到历史的角落。大数据时代数据处理技术的升级必然带动人们观念的转变,因此,大数据使得从样本到总体的转变成为可能,更深刻的转变却在观念、态度和思维模式的转变。

---

① 邹国伟,成建波.大数据技术在智慧城市中的应用[J].电信网技术,2013,(4).

二、从精确性到混杂性

大数据带来的第二个转变是对精确性要求的降低。这一个转变是在第一个转变的基础上出现的。随着数据规模的扩大,出现差错数据的情况增多了,得到的总体数据也很容易呈现出一定程度的混乱性。然而这种混乱性在大数据时代是可以被容忍的。在抽样调查的时候,测量和分析过程中的一个小错误会被放大,甚至从根本上影响数量分析的最终结果;而在大数据时代,由于数据的全体性搜集,因而其对错误的容忍度也有所提高。

大数据让我们无法实现绝对的精确性,同时也让我们能够接受一定程度的不精确和不确定。大数据的不精确性并不是来自大数据本身,而是由于我们测量、记录和传播数据的工具还有着历史的局限性和缺陷。随着技术的进步,这种不精确性和不确定性可能会有所改善,但是在相当长的时期内,不精确和大数据将会一起存在于我们的生活当中。大数据虽然冲击了抽样统计的方法,但是仍然是根据概率来做推断和结论,大数据与抽样相比更加不会以一种"确信无疑"的肯定的口吻来分析问题。在数据的分析方面,大数据使得简单的算法能够达至更有效的结果。在样本统计(少量数据)的时候,复杂的算法能够获得较好的效果。而随着数据规模的扩大,在少量数据情况下运算较好的算法,会变成在大数据情况下运算最不好的。大数据情况下的简单算法可以达至十分理想的分析结果。一个大数据的例子可以说明不精确和好的效果是不冲突的:在华盛顿州布莱恩市的英国石油公司(BP)切里波因特炼油厂里,无限感应器遍布于整个工厂,形成无形的网络,能够产生大量实时数据。酷热的恶劣环境和电器设备的存在有时会对感应器读数有所影响,形成错误的数据。但是数据生成的数量之多可以弥补这些小错误。随时监管管道的承压使得BP能够了解到,有些种类的原油比其他种类更具有腐蚀性。以前,这都是无法发现也无法防止的。①

大数据带来的这种由精确性而混杂性的转变,除了具有技术的和事实的含义之外,还具有意识和观念上的转变。是部分数据还是全体数据,是精确性还是混杂性,在这些抉择面前,我们的决定和态度会产生缓慢但深刻的影响,我们与周围的世界交流和沟通的方式将会产生根本的转变。我们对模糊和不确定性的接纳和容

---

① [英]迈尔-舍恩伯格,等. 大数据时代[M]. 盛杨燕,等,译. 杭州:浙江人民出版社,2013:56.

忍,会在一定程度上赋予我们观瞻事物全貌的能力。就像"只用色彩渲染,不用线条勾勒的中国画"也能够传达作画的思路一样,也像印象派的作画风格不影响我们看懂画的景物一样,我们从包含着不精确和不确定的大数据当中能够了解到事物的情况。有时候,这种包容混杂性的理解比精确的理解更接近于真实,更能够把握问题的实质。大数据挑战了我们的传统思维,也教会了我们新的思维。这样一种新的节奏,与其说是一种事实的转变,不如说是一种观念的转变,是认识论和世界观的微妙转变。技术和机器由精确性而混杂性带来更好的认识结果,会不会导致机器的创造性思维和机械进化不好说,但是这种转变却赋予了我们深刻的启示:创意和创新的节奏正是源于认识的根本转变,创造性的进化必然来自认识的进化。

三、从因果关系到相关关系

大数据的作用还在于能够从混杂的数据库中呈现给人们一种相关关系,以利于人们预测事物的现在和未来发展。如果数据和活动途径允许,通过对这种相关关系的注意,我们能够发现和防控流感。《大数据时代》一书中有一个有趣的案例,谷歌公司的工程师们在《自然》杂志上发表论文称,"谷歌"能够预测冬季流感的传播地点,不仅能确定国家,还能确定到美国的地区和州。他们的方法是,通过人们用 Google 搜索流感相关词条与该地区人们患流感的相关性来做出判断。

因果关系和相关关系是两个领域的问题。在远古时代,占星学、卦辞、风水给决策提供最主要的依据。那时候,人们能够确切的知道原因和结果的事情相对较少,相关关系(彼时的相关还更多的是联想和暗示上的相关,而不是如今数据上和经验上的相关)足以解决人们日常的决策。随着近代理性主义和科学主义的兴盛,人们对于因果关系和严密的逻辑关系给予了很高的重视,并由此划分了科学和信仰(乃至迷信)的界限。尤其英国的经验主义对科学的态度和方法有着很大的影响,科学意义上的因果关系很多是由经验主义的归纳得出的结论。而在哲学上,有关因果关系是否存在和因果关系的界限(涉及决定论和非决定论)问题有着长达几个世纪的争论。在决定论、人的自由意志、决策导致的直接结果,甚至佛教的轮回因果等问题方面,有着千人千面的不同观点。有朝一日,也许我们对这些问题能够达到一个一致的理解,也许不能。可以肯定的是,我们在认识的过程中很容易将相关关系认定为因果关系,从而形成延续百年甚至千年的成见。这极大地阻碍了创意和创新的出现,也阻碍了发明和发现的勇气。

我们的语汇中"教条"一词所指的大多数内容就是这种偏见造成的。这样的例子不胜枚举,雅各布斯在批驳"农业发展在先的理论"(即认为城市是在农业有大量剩余供应之后才发展起来的,雅各布斯认为这一理论是"教条")时,曾援引过一个生物学界的例子。人们发现在腐肉、乳酪和死水里发现的小虫,不用母体就能成形、诞生。人们就认为,环境不但滋养了它们,还从无到有地创造了它们。这种认识延续了上千年,直到文艺复兴时期,一位佛罗伦萨的医生兼诗人才指出,没有苍蝇的话,腐肉永远生不出蛆来。他推断,新生命是在已有的生命中诞生的。后来显微镜的发明,将这一切大白于天下。① 而之前的人们在观察中得出的因果关系便成为一条蒙昧的偏见。尽管并不是所有的因果关系都是不可靠的,但是在因果关系面前,存一份或可被"证伪"的态度是所有创意生成的基础。

马克思主义哲学抱持"世界是普遍联系的"观点是审慎的,万事万物之间的联系是直接的和间接的相关关系。在这些相关关系之中,有一部分具有因果关系。在我们对因果关系没有足够理解的领域,在对因果关系还没有很好把握的时候,相关关系能够给我们的决策带来足够令人满意的参考。因此,在一定意义上,大数据彰显的更是一种对待数据的态度,是对更加广泛的相关关系的接纳和利用。产生轰动效应的《创意阶层的崛起》一书作者佛罗里达教授的最初灵感即来源于对一种相关关系的兴趣:他"发现加里·盖茨的同性恋人群分布图和他发现的高科技产业区的分布图几乎完全吻合"②。这一偶然的发现,促使佛罗里达深入地开展了研究。这两者之间既不是"前因后果",也不是"前果后因",更不是"互为因果"的关系,它们仅仅具有相关关系,拥有某个共同的原因。最后他得出结论:同性恋分布和高科技产业分布(创意阶层分布)都是某个共同原因——地区宽容度——所导致的结果。佛罗里达教授在此基础上提出了著名的"3T理论",认为技术、人才、宽容度是地区创意经济得以高速发展的基础和前提条件。创意阶层是决定未来城市经济发展和竞争力的核心因素,他们对城市环境的要求与同性恋者的要求基本一致,即宽容的社会环境。

大数据的处理方式可能与佛罗里达教授的方法不尽相同,但是对相关关系的关注和分析可以在很大程度上满足决策的需求。比如,奥伦·埃齐奥尼(Oren Et-zioni)开发了一个叫"哈姆雷特"的项目,专门研究机票价格与时间的相关关系。这

---

① [美]雅各布斯. 城市经济[M]. 项婷婷,译. 北京:中信出版社,2007:3.

② [美]佛罗里达. 创意阶层的崛起[M]. 北京:中信出版社,2010:294.

个小项目逐渐发展成为 Farecast（得到风投资金支持的科技创业公司），并在 2008 年被微软以 1.1 亿美元的价格收购。Farecast 的票价预测工具是大数据时代关注相关关系的标志，它能够帮助消费者在最合适的时间预定到最便宜的机票。我们不用知道为什么票价会波动，以及它与时间有什么样的因果关系，我们只要能够根据相关关系做出决策就好。

第二节　大数据给个体带来的冲击和转变

大数据的到来是一个浪潮，它席卷了全球，给其中的个人和企业带来了冲击和转变。从有关大数据的思维和态度，到人与人之间的关系，到商业运作的原则，到个体和企业的学习、生产、营销和消费都无可避免地烙上了大数据的烙印。大数据支持了社交网络，使得人们之间的关系可以超越空间的限制，人与人之间不再是干巴巴的，而变成了湿哒哒的联络有致的网络有机体；大数据改写了商业规则，数据成了与技术和创意并列的三大法宝之一，大数据几乎在一夜之间造就了谷歌、亚马逊、维基的巨大成功，它更能够逐步影响整个商业界的运作模式；大数据提供了无限的宝藏，个人和企业则成了寻宝人，他们用技术的工具检索，以创意的眼光审视，积极挖掘大数据无限的潜在价值。

一、"未来是湿的"

2008 年，被誉为"互联网革命最伟大的思考者"的克莱·舍基（Clay Shirky）出了一本畅销书《未来是湿的：无组织的组织力量》。这本书在 2009 年即被译成中文，在国内也引起了强烈的反响。在书中，克莱·舍基从一个手机丢失和寻回的网络行动和人肉搜索开始，为我们展现了一个现在已露端倪的未来社会形貌，让我们了解了信息时代网络的组织力量。如今，书中所描绘的画面已经随着大数据的崛起而来到了我们面前。微信、微博、人人网、维基百科成为我日常须臾不离的信息工具，我们在朋友圈里发照片、发状态、发评论、转文章，即使我们"宅在家里"，也不是一个人。Facebook、YouTube、Flickr 更是能够吸引上亿的用户聚集在一个平台上。智能移动终端的普及，"人手一机"的状态使得个人的位置、消费、浏览、偏好等都通过各种媒介和平台汇聚到网络的数据海洋里，形成了我们共同面对的大数据。

在这样一个"湿的"世界里，人与人的关系出现了一种紧密与疏离并存的转变。其疏离的一面体现在以下三点。

第一，传统的共同体（家族的、宗教的、企业的等）对人的一致性要求在网络社会中遭遇了个性化的挑战。城市生活的陌生人属性和网络社会的虚拟化特点，使得个体在经济个人主义的成长之后，又走上了消费偏好、工作和生活方式、伦理和意识形态等全方位的解放之路。他们逐渐淡化和疏远了原本生活中的齐一化约束，在大数据时代的网络生活中，自由地追寻符合自己个性的虚拟社区。

第二，在信息生产上，传统的"一对多"模式遭遇了"多对多"模式的挑战。报纸、新闻媒体等组织在信息交流中已经面临着非机构性群体的挑战，他们人数众多，无处不在，他们在重大新闻发生时随时随地在场，手机的拍照功能、网络的分享功能使得他们具有比新闻媒体更快捷、更翔实的信息发布水平。人们的价值观从"占有"到"显现"的转变，借助各种网络出版物，如博客、微博、微信等渠道，使得自我表达失去了机构选择的过程，直接面呈到读者手里。网络的协同生产催生了各种开源软件和信息平台，如 Linux 系统、维基百科的非商业化运营，挑战了传统商业，也彰显了生产中的非经济属性。人们不再仅仅接受商业的和利益的组织，自我表达的、"显现"的追求在某种程度上超越了对财富的追求。

第三，新的数字化的时代筑起了鸿沟，它使全球财富和权力网络在连接部分个体的同时，排斥和孤立了另一部分人。正如曼纽尔·卡斯特（Manuel Custer）在其名著《网络社会的崛起》中所关注的，"当网络（Net）割离了自我（Self），这个个体或集体的自我，便无需参照全球的、工具性的参照来建构其意义：脱离的过程便成为双向的，因为被排除者也拒绝了结构支配和社会排斥的单项逻辑"[①]。卡斯特所关注和致力于探索的是，新的网络的社会组织在形成连接的同时也造成了隔绝。

其紧密的一面则体现在强大的"无组织的组织力量"。虚拟社区的出现加强了人们之间的联系，它超越了空间的限制，提供了一种新形式的公共空间。在这样一个空间之中，人们之间的关系既不是一个个原子式、晶体式个体的聚合，更是一种群体的存在。他们之间的联系不是"官僚式"的组织和管理，也不是社会舆论和伦

---

① ［美］曼纽尔·卡斯特.网络社会的崛起［M］.第 2 版.夏铸九，等，译.北京：社会科学文献出版社，2003：29.

理道德乃至习惯的约束,而是在自发和自愿基础上形成的有机体,是"无组织的组织"。使得这一"后管理"时代的组织得以顺利运转的关键是分享。在网络空间之中,人们对于外部性的容忍要高于现实的经济社会。人们相互的分享体验、知识和劳动,人们仅仅因为相互的欣赏和志同道合而结合在一起,在虚拟社区中得到认可和追捧能够带来比经济收益更高的享受。

然而,"网络社会的新技术并没有彻底改变我们的生活方式,其影响是非常微妙的,它促进了互动性和协调性。互联网可以冲破本地交流中的束缚,协调公共参与,并且为基于空间的交流提供新的机会"①。基于虚拟社区的网络社会的联系是多路径的,人们通过电话、邮件、网络聊天、网络平台的分享和评价实现链接,这些线上的关系在下线时依然存在。网络上的联系和传统的联系交织在一起,"作为公共空间,在线社区已经变成了二十一世纪街道的一角,但是至今还没有迹象表明互联网将会降低已有公共空间和'第三空间'如咖啡馆、酒吧等的重要性。互联网带来的空间阻力的减小还没有使地理或地方变得无关紧要。实际上,反过来也是一样的。大多数以计算机为媒介的交流都是本地的,他们在既有的活动领域中提供并加强联系,包括家庭、邻里、工作场所。以计算机为媒介的交流帮助人们克服了既有关系模式中的交互障碍"②网络的虚拟社区与现实的公共空间一起为人们的生活和交流提供了方便,在这个双重的空间之中,人们进行着社会交往,包括交换、学习、分享和组成群体共同完成一件事情或者维持一个状态。正是这样一个联络有致的有机体,这个大数据和网络社会链接起来的有机体,使得人们之间的关系、人与城市的关系都发生了深刻的转变,这些转变又塑造和影响了个人、企业,乃至城市。

二、大数据改写商业规则

大数据改变了人与人之间的关系,进而也改变了人的本质,改变了商业的规则。在大数据的视角下,一切都是信息,一切都是可以数据化的存在。比如,我们的位置,GPS的广泛使用使得百度地图、打车软件,甚至我们在"朋友圈"发布的照片也被标注上位置的信息。这种位置转换成数据,数据又转换成位置的运算已经

① [美]基思·N.汉普顿.在线与脱机形式的网络社交[A]//曼纽尔·卡斯特.网络社会[C].周凯,译.北京:社会科学文献出版社,2009:253.
② [美]基思·N.汉普顿.在线与脱机形式的网络社交[A]//曼纽尔·卡斯特.网络社会[C].周凯,译.北京:社会科学文献出版社,2009:252-253.

开发出了功能强大的软件,既方便了我们的生活,也给开发和应用的企业带来的丰厚的经济利益。

我们已经习惯了 IT(information technology)行业的称呼,大数据使得我们对信息技术的认识有了新的转变。一直以来,我们对 IT 行业的看法,侧重于技术,而忽略了信息;如今,大数据时代的到来,让我们是关注点转移到信息上来。信息成为了我们目前最可宝贵的财富,而技术仅仅是开掘这一财富的工具而已。我们不能够说技术不重要,毕竟它赋予了我们获取数据、交流数据、分析数据的能力,使得我们不必在数据面前望洋兴叹。然而,技术最终将无法替代信息的核心地位。就像人类发明的文字和语言使得人类文明实现了飞跃一样,数据化致力于把一切信息(包括语言、文字等),把一切人类大脑能够处理和尚不能够处理的信息转变成可以被计算机处理的数据,这无疑将带来新的文明的飞跃。文字和信息变成数据之后,人可以通过数据实现阅读(包括读万卷书、行万里路的双重内涵),机器也可以通过数据进行分析。正如阿尔文·托夫勒在其《权力的转移》(Power Shift)一书中所预见的,信息将决定未来经济权力的转移,将决定企业的兴衰更替,甚至生死存亡。在经济之中,权力到底要转移到哪里,这取决于企业在信息战之中的战绩如何。托夫勒在 1990 年所作的关于未来的洞察和预言,如今已逐渐在我们的身边成为现实。

正像坦克在"二战"出尽了风头一样,大数据在信息时代的商业战场上也会叱咤风云。如前面已经论述的,大数据并不仅仅是一种物质的存在,它更是一种对待信息的态度和方法,是信息时代的世界观。近两年创造了神话般商海战绩的企业巨擘很好地阐释了托夫勒的预见,同时也很好地阐释了大数据的理念。最典型的就是互联网零售商亚马逊的辉煌战绩。亚马逊本来同家乐福、沃尔玛等实体零售商没有多少实质性的区别,然而,随着大数据的崛起,亚马逊的搜索引擎留下了宝贵的免费财富。每一次消费者在亚马逊上搜索感兴趣的商品,都增加了亚马逊对消费者的了解。有了大数据的支撑,亚马逊可以给消费者推荐阅读书目,推荐电影和其他产品,而且它的推荐很大程度上符合消费者的偏好和口味。也许你发现,忽然有一天你在陌生电脑上打开的网页上赫然出现了你前几天在自己手机上搜索过的商品。不要惊讶,亚马逊的大数据战略已经通过你的账号链接了你的记录和偏好。可见,大数据不仅能够通过概率性的推测掌握整个市场的动向,还能够根据翔实的记录和相关性的推测把握十分个性化的偏好。而其他企业所掌握的信息和推介能力则望尘莫及。国美、沃尔玛等零售商在崛起之初,也是通过积累的进货和销货记录,通过逐渐培养起来的顾客忠诚度,得以在应对生产商的时候占据十分优越的位置。而如今,在亚马逊、谷歌等大数据的掌权者面前也失却了其最初的地位。这就是托夫勒意义上的权力转移,从福特 T 型车时代对消费者的居高临下,前不久沃尔玛等零售商对企业的颐指气使,到如今网络零售商所具有的意气风发,经济权力正逐步地实现了转移。

在传统企业和大数据企业之间,高下立判。"分析者预测,截至 2015 年,亚马逊营收将超过 1 000 亿美元,即将超过沃尔玛,成为世界最大的零售商。"①而亚马逊的高明之处远不止于此,它利用目前的优势,不断地搜集信息,不断地测试新的设计方案,推行新的产品和服务。其开发的 Kindle 电子书阅读器凭借其优厚的网络信息资源可谓俾睨所有同类产品。以往,英文书出版数年之后,我们才能够读到中文的版本;如今,我们一方面可以立即获得电子的原版图书;另一方面还可以即刻购得中文翻译版本。②

在大数据企业之间,信息战(托夫勒语)也才刚刚拉开帷幕。"苹果、亚马逊、谷歌以及微软,这 4 家公认的巨头不仅在互联网上进行厮杀,还将其斗争延伸至移动领域。""随着消费者把越来越多的时间花费在手机和平板电脑等移动设备上,他们坐在计算机前的时间已经变得越来越少,那些能成功地让消费者购买他们的移动设备的企业,将会在销售和获取消费者行为信息方面具备更大的优势。企业掌握的消费者群体和个体信息越多,它就越能更好地定制内容、广告和产品。"③在国内,"腾讯"与"阿里巴巴"的斗争也如火如荼。"财付通"和"支付宝","嘀嘀打车"和"快的打车","微信红包"和"支付宝红包","理财通"和"余额宝"一波接一波地捉对厮杀。在新的马年里,两位马总的事业可谓"二马当先",领跑在大数据的最前沿。

---

① [美]芬雷布. 大数据云图:如何在大数据时代寻找下一个大机遇[M]. 杭州:浙江人民出版社,2014:46.

② 这里值得一提的是,现代的出版产业和翻译工作已经有了点大数据的味道。中文版本的图书可以与英文原版完全同步推出(浙江人民出版社 2014 年出版的维克托·迈尔-舍恩伯格的《大数据时代》即是一例),翻译工作也可以采用网络自组织的形式来分工合作(新星出版社出版的凯文·凯利的《失控》则是一例)。大数据的冲击必然波及出版业,它带来了新的面貌和模式,在竞争的驱动下这些新的东西会逐步常态化。

③ [美]芬雷布. 大数据云图:如何在大数据时代寻找下一个大机遇[M]. 杭州:浙江人民出版社,2014:47.

三、大数据是创意的宝藏

大数据不但改变了人与人之间的关系，改写了商业规则，更埋下了巨大的创意宝藏。大数据带来的转变（由量的积累而引起的质的转变），逐渐地改观了我们的经济和生活。大数据时代的网络（虚拟的和实体的）构成了一个巨大的、充满活力的开放系统，这个系统能够不断地创新，又能够维持系统的平衡与和谐。大数据网络可谓是一个创意的宝藏，"对于奠基于创新、全球化与分散性集中的资本主义经济；立基于弹性与适应性的工作、劳工与公司；无穷无尽地解构与重构的文化；致力于即时处理新价值与公共心态的政治体；以征服空间和消除时间为目标的社会组织，网络都是适切的工具"①。

在区分大数据与抽样数据的时候，我们已经指出大数据并不是为一次使用而搜集的，它是搜集之后可以持续挖掘的数据宝藏。大数据的时代，数据的大部分价值都是潜在的，需要对其进行挖掘和创新性的分析才能释放。在 2001 年的时候，亚马逊与美国在线（American On Line）达成了一项合作协议：美国在线投资一亿美元于亚马逊，亚马逊则为美国在线提供搜索和产品比较等服务，并把美国在线作为唯一的互联网服务提供商。虽然两家均低调表示，仅仅为了技术共享和相互促进，但有分析专家称美国在线醉翁之意不在酒，意图借此与微软相争。然而，如今以大数据的眼光回望，亚马逊可谓赚了大便宜。亚马逊在提供搜索和产品比较服务的同时，积累和掌握了大量的用户数据，他们关注的东西、他们购买的东西，这些数据存储下来，成为了巨大的财富。亚马逊借此推出了它的推荐引擎：他给客户推荐商品、推荐电影。虽然其他公司如谷歌、Facebook、苹果等都十分了解顾客的偏好，包括国内的淘宝、京东等都附带有推荐系统，但是亚马逊的推荐系统要更胜一筹。亚马逊的推荐绝非无的放矢，它在多年积累的数据库的基础上，根据顾客购买记录、搜藏和虚拟购物车、根据评价和"赞"、推荐给顾客的"销售转化率"（即推荐之后，顾客购买的比例）甚至高达 60%。作为推荐系统的老大，亚马逊从多年积累的数据当中挖掘出了宝藏，使得其业绩一路飙升，其对大数据的敏锐识见功不可没。

---

① ［美］曼纽尔·卡斯特. 网络社会的崛起［M］. 第 2 版. 夏铸九，等，译. 北京：社会科学文献出版社，2003：570-571.

亚马逊的推荐系统可算是数据创新的一个典型案例。亚马逊在早期的运营中占得了先机,掌握了大量的数据。数据可以反复利用,在"数据挖掘"技术的支持之下,创意的开发可以从大数据当中获得几乎无限的财富。在早期的时候,数据的占有可能具有决定性的作用,而随着大数据时代的汹涌浪潮,当人们普遍地认识到大数据中埋藏着宝藏之后,数据的开发使用将比数据占有本身更重要。除了大数据本身是创意的宝藏之外,大数据还能够激发人们的创意。大数据时代,共享和开源成为了一种潮流。在生活领域的情感交流和生活体验分享之外,开源(软件开发出来以后,开发商允许爱好者在原有软件的基础上继续开发和改进)的运作模式还赋予了软件以生命力。国内小米手机的热销,其中很大一个原因在于其提供的一个开源系统和配备的论坛。在这个体系之中,生产者和消费者一起保障着小米手机的售后问题,不光保证硬件的维修,还保证软件的升级和更新。论坛上大家分享玩机经验,评论手机的优劣长短,厂家和爱好者会根据大家的意见进行随时的更新和升级,狂热的"米粉"(小米的 Fans)甚至会每周"刷机"(更新系统)。

大数据的创意还体现在它能够对数据搜集过程中产生的错误加以利用。我们在搜索引擎上输入一个词汇,有时候拼写的错误并不影响我们的搜索内容,引擎会智能地建议你:"您要找的是不是♯♯?"这就是一项大数据创意的功劳——输入法的拼写检查功能。最开始微软的拼写检查仅仅适用于最普通的语言,我们经常处理 word 文档的人知道,红色的或者绿色的下划线提示你是不是输入错误,这一项功能的维护和更新对微软来说耗费巨大,每年数百万美元。而"谷歌"几乎免费地获得了这种拼写检查功能,它通过大量的搜索记录(每天数十亿条,其中很多错误的拼写),反馈给顾客:"您要找是不是♯♯?"并通过顾客点击正确的搜索内容而明确地告诉系统需要重新查询的内容。

总之,"数据就像一个神奇的钻石矿,当它的首要价值被发掘之后仍能够不断给予。它的真实价值就像漂浮在海洋中的冰山,第一眼只能看到冰山的一角,而绝大部分都隐藏在表面之下"[①]。大数据是创意的宝藏,它埋藏着无限的经济资源,它既需要人们的创意去发掘,也能够激发人们的创意。

---

① [英]迈尔-舍恩伯格,等. 大数据时代[M]. 盛杨燕,等,译. 杭州:浙江人民出版社,2013:127.

第三节 大数据时代的创意型城市

把大数据的内涵和价值弄清楚之后,创意型城市如何顺时而动,如何开采到大数据的宝藏便是我们紧接着要问的一个问题。在大数据的时代,提供更加便利的条件、更加完善的设施助推个体和企业积极地搜集数据;通过搭建网络和平台,使多方位、不同渠道的数据能够联络成网,形成真正意义上的"大数据";在大数据的时代掌握一个合适的度,平衡好透明和隐私、利益和公正之间的关系。这些便成为创意型城市要积极地期望有所建树的领域,这些工作的完成情况可以很好地相关于城市经济、社会的发展。

一、大数据与城市转型机遇

随着大数据、物联网、云计算、移动互联网等信息技术的产品和理念在现代社会中扮演着越来越重要的角色,创意型城市的建设也自然而然地增加了相关的内涵。大数据的时代浪潮激励着人们,企业和个人纷纷地投身信息产业,期望成为时代的弄潮人,能够在新的机遇和挑战之下赚得财富和声望。而全球化和大数据的背景之下,流动性、流变性使得居住地成为了最重要的选择。个人可以选择生活和工作的场所,企业可以选择主要的和辅助的生产场所,包括非营利性的协会、学会也会审慎地选择驻地。正是这种城市地点的新的重要性,使得现代城市中有的迅速繁荣,有的则趋于沉寂,体现出一种卡斯特所谓的双重性:"历史学家曼纽尔·卡斯特等一些人,将后工业城市定义为本质上的'双重城市',认为其患有一种'城市精神分裂症',即分化成两类社区——日益衰败的社区与愈加繁荣的社区。"①这种"沉舟侧畔千帆过,病树前头万木春"的鲜明对比正是大数据带来的社会转折的结果,城市在"应战"的过程中积极地转型,并因其效果的不同而出现了城市兴衰更替

---

① [美]乔尔科特金. 新地理:数字经济如何重塑美国地貌[M]. 王玉平,等,译. 北京:社会科学文献出版社,2010:11.

和经济地理的变迁。因此,在大数据的时代,城市的经济发展任务之中很大一部分内容即是要解决如何吸引和留住个人和组织。创意型城市应对大数据的内容便包含有两个方面的努力:构建信息基础设施以形成大数据的网络,并促进经济个体对大数据的运用;城市在实现本身职能的过程中积极运用大数据的思维和资源。

大数据时代首先要解决的便是信息基础设施的建设。于是各个地区的政府(包括国家层面和城市层面的各级政府)积极地采取行动。2010年3月,美国发布《美国宽带计划》,10月,又发布了《21世纪美国智能交通》;欧盟于2010年颁布了《欧洲数字化议程》,并在阿姆斯特丹、曼彻斯特、里斯本、巴塞罗那、赫尔辛基5个城市展开试点工作;日本、韩国、新加坡也纷纷推出智能化、网络化和数据化的项目。我国在"十二五"期间也推出了以信息技术为主要内涵的"智慧城市"建设。北京、上海、广州、深圳、杭州、宁波、南京、武汉等城市积极响应,推出了一系列的规划和建设项目。2013年8月,国务院印发《"宽带中国"战略及实施方案》,制订了明确的发展目标,规划了宽带网络覆盖和移动互联网的应用,以及有关创新和应对安全问题的能力和水平。在大数据建设方面,城市负有主要的责任,但由于这一公共基础设施的建设是有利可图的,城市完全可以加以引导和协调,使得企业积极地参与到建设之中来。目前,我们国内的信息产业发展势头相当强劲,移动、电信、联通三网并行,腾讯、阿里、新浪、搜狐等企业也在信息产业界呼风唤雨。城市如果能够引导企业在城市信息化、智能化的过程中贡献力量,将是一个十分明智的举动。除了信息基础设施的铺设,城市还需要逐渐消除各经济主体之间的信息壁垒,形成真正开源和共享的网络社会。数据开放是大数据发展的基础,以单个企业或者仅仅依靠政府的实力建构大数据的信息库是不经济的,也是不现实的。比如耗资巨大的人口普查工作,如果在全国范围内构筑起了一个大数据的网络,医疗机构、教育机构、民政机构等连成一张巨大的信息网,人口普查所需要的数据便可以在日常的工作中直接汇总,不再耗费额外的成本,而且其信息的更新将是实时的,而不再是十年一次的大工程。而数据开放,是形成大数据的一个基础性的环节,城市政府通过网络平台定时发布非保密的数据库,使得社会各界可以通过任何平台和设备随时随地地获得数据;城市政府构建网络平台,使得各政府部门、城市企业和个人在上面分享和交流,形成数据集中、交流、共享的大数据的资源库;这样一个宝贵的数据资源形成之后能够带动经济个体积极地应用,开发新的商品和服务,创造新的商机。"据统计,通过数据开放,2013年美国在政府管理、医疗服务、零售业、制造业、位置服务、社交网络、电子商务七个重点领域产生的潜在价值已经达到了 2 万亿美元。"①

其次需要城市努力的方向便是利用大数据的思维和资源实现城市职能完美升级。我们在历史的长河中很容易找到颠覆性和转折性的"瞬间",在相对较短的时间内出现了翻天覆地的转变,一代人所认同的、所确定不疑的因素受到强烈的震撼,而这些传统的东西被打碎之后,它一方面给人一种失去传统的悲哀、虚空和无所适从的感觉,另一方面也给人以创新和进步的巨大空间。如今的大数据所带来的无疑将是一个类似的契机,虽然这一转折的进程还处于发端阶段,其威力还没有完全彰显,但是城市需要尽早地完成思维的转变,并在时代大潮的潮头积极行动。创意型城市首先应该树立的是一个开放的心态,将"数据开放"作为城市拥抱大数据时代的首要任务。城市的数据开放可以形成一种吸引力,致力于开发数字商机和城市服务的经济主体和非营利型组织都将以城市数据开放为契机聚合在一起,建构大数据,挖掘大数据,分析和利用大数据。城市的数据开放是一坨酵母,是一剂催化剂,它点燃大数据的熊熊之火。

而城市大数据的起步阶段跨过之后,城市将从其中获得持续的回报。在大数据的支持之下,城市政府的预见性和政策响应性都将空前提高。"联合国 2012 年 5 月对外公布名为《大数据促发展:挑战与机遇》的白皮书,探讨了如何利用互联网数据推动全球发展,如何对社交网络和手机短信中的信息进行情绪分析,从而对失业率、区域性开支、疾病暴发等进行趋势预测分析。"②这一对大数据促进发展的挑战和机遇的认识是科学的和现实的,"谷歌搜索引擎"对禽流感趋势及分布地区的预测证实了其威力。除此之外,粮食生产、天气预报、经济形势等的预测和对策都可以得到大数据的支持,而升级城市对我们的经济和生活的服务质量,比如,我们的手机移动终端已经可以告知我们实时的、实地的最新天气情况。另外,大数据的运用可以在提升公共服务质量的同时节省运营的成本,诸如人口普查、电子政务、咨询服务,都能够以日常的数据积累而形成后续的产品和服务,节约大量的行政事务成本。

---

① 国家信息中心 . http://www.sic.gov.cn/News/249/2391.htm.
② 李志刚 . 大数据:大价值、大机遇、大变革[M]. 北京:电子工业出版社,2012:54.

二、城市面临的大数据挑战

在大数据的冲击之下,城市面临多方面的挑战和竞争。城市需要在大数据人才的竞争,开源与共享氛围的营造,透明与隐私尺度的把握,城市之间合作与竞争的抉择等方面进行深刻地反思和实践。

(一)城市对大数据人才的竞争

不论是古代的罗马城还是现代的洛杉矶,人才始终是城市的根基,人力资本汇聚的地方也必然是财富汇聚的地方。而当现代经济的战场蔓延至大数据的领域,竞争的对象也就蔓延到了大数据的人才。"大数据人才"是一个多样性复杂性的综合体,既包括性格怪僻、不善交往的理工科怪才,也包括能够利用数据进行商业决策的创意人士。他们能够在分析数据了解顾客和市场,利用数据开发新的产品和服务,能够利用大数据削减运营成本,他们是人工智能、自然语言处理、数据深度分析和管理方面的专家和爱好者,是上述各方面的综合体和混合群体。大数据人才的种类和复杂性多到无法论述清楚,然而,它对于城市的策略却是简单明了的:包容。城市地点对文化产业、科技产业的创意阶层的竞争,对大数据人才的竞争都需要城市从包容的政策出发,营造城市的良好形象,以吸引这些人才的聚集。

(二)开源与共享氛围的营造

城市秉性之中所内含的创意元素便在于其作为人的多样性集聚,在于集聚点的交流、交换。而在新的以大数据为特征的城市里,这种集聚和交流的内容便多了重要的一环,即数据资源的开源和共享。在传统的工业主义的时代,生产和创造基本上是在企业的范围之内进行的,换句话说,经济的很大一部分内容是在"命令"的模式下被组织起来的。而在以大数据为特征的时代,充满创意的经济产品的开发和生产往往是在小企业中实现的,或者讲是在企业从无到有的创业过程中实现的。因此,作为数据创新基础的大数据必须形成开源和共享的氛围才能够形成创新和创意集聚出现的经济扩展局面。大数据时代是大众文化和草根行动的时代,它以近乎生物进化的方式(变异和选择)使得创新的成本降到最低,广泛而深入的大众创新和草根行动形成了许多个可供选择的路径,而成功的比例虽然很低,但是基数仍然相当大。这样一个创新的蓬勃场景也来自开源和共享提供的基础和前提。新的经济以及其中获得非凡成功的数字精英很自然地怀有一种个人主义的态度,远离传统上的与财富和权力相关的社会事务,他们很自然地以为他们的回报来自自己的付出和能力。然而,经济的进化无法与生物的进化完全相类。生物界的过度繁殖会持续提供大量的物种和成员,以供进化和选择;而经济界大众创新的成功和失败经过商业的选择之后无法进行简单的淘汰,这倒不仅仅是出于道德和责任(虽然他们确实负有这方面的责任)的考虑,而是商业淘汰之后,大量的无成本的创新无以为继。这需要城市以意识形态的宣传和财政的直接支付维护大众创新和草根行动的深厚基础,形成一种开源和共享的氛围,形成一种可持续的创新的平衡。

(三) 透明与隐私尺度的把握

大数据在提供便利和蕴藏商机的同时,也隐含着危机。现在,我们所使用的电子产品,基本上都能够对我们的各种数据进行搜集。谷歌、百度等搜索引擎记录着我们每日的搜索和浏览习惯,淘宝、亚马逊等购物网站则详细地记录着我们的购买习惯和偏好,社交网络更是知道我们的朋友和社会关系,甚至知道我们的通话记录、短信和联系人的情况。包括我们每时每刻所在的位置也基本上被记录了下来,我们的信息,过去的、现在的,甚至未来的信息大数据都有所掌握。在这样一个无所遁形的大数据时代,我们的一举一动、思想和偏好都在掌握之中,我们不知不觉地被设计了。

大数据所蕴藏的价值逐渐成为一种通识,刺激了更多的主体积极地搜集、分析和不断地利用大数据。渴望在大数据里掘金和寻宝的人,积极地利用大数据对我们的各种数据进行分析,普通的和私密的都逃不出他们的机器眼睛。大数据可以循环使用的特征,使得个人隐私的保护更加的困难。在普通情况下,我们的隐私数据可以被某种法律和规则所保护,不允许以何种形式用于何种目的等。而在大数据的情况下,数据被搜集和存储之后,会以各种创新的可能进行分析和利用,即时的约束已经无法达到目的。国内有部电影叫《搜索》,讲的即是一个女士因为知道自己患了癌症,心情不好导致了过激言行,被记录下来之后,人们反复地刨根问题,巨大的压力导致了她的煎熬和崩溃。电影倒没有下什么结论,只是通过主人翁所受的煎熬引导人们去思索大数据时代的极度透明化,让人们反思透明和隐私之间的微妙关系。

除了对个人隐私的挑战之外,大数据还挑战了我们的认识习惯。通常我们的认识需要逻辑和证据的严密推理,需要我们根据心理的、事实的情况进行人为和主观的判断。这里面无可避免地存有成见、偏见的可能性,大数据可以从一定程度上对其有所弥补。然而大数据带来的挑战正是因为其巨大的能力,它的分析和预测的强大能力,必然使得它备受推崇。盲目的崇拜和信任会从世界观上根本改变人的思维,从人脑中挤出价值判断和逻辑推理,过度崇拜必然导致的某种缺憾是城市需要反省和警惕的。

(四) 城市之间合作与竞争的抉择

就像早期的铁路建设蕴含着殖民的动机一样,如今信息高速路的建设也隐含现代殖民化的危险。从人人网,到谷歌、亚马逊、Youtube 和 Facebook,这些网络巨头在给城市居民提供服务的时候,搜集了大量的个人和城市的数据,它们甚至知道城市居民的身高和胸围尺寸等非常个人的信息,更加知道城市居民的购物偏好、浏览兴趣、新闻关注点,甚至能够预测城市暴发疾病的区域可能性。城市铺设"信息高速公路"的过程中可以与这些网络企业进行深入的合作,可以与移动、电信、腾讯、阿里等合作建构大数据的蓄水池。然而在与这些大企业进行合作的过程中必然会涉及城市之间,甚至国家之间的竞争。

日本早稻田大学的角川历彦曾为日本担忧"美国势力独占 IT 市场",他称,"一旦网络上提供书籍、音乐、影片等内容的流通管道,都被外国企业掌控,大部分的利润可能都落到外国企业手上……离日本的内容企业创造新价值与再生产的机会也可能会被剥夺……如果新闻传播被外国的 IT 企业独占,将会产生舆论一面倒或是无法批评政治等种种问题……如果日本这种平庸国家里的内容创作者与创意者完全得不到利益。日本文化将会失去多元化的特色而走向衰败"①。角川历彦的论述里可能有着过于浓厚的民族意识,但是这种国家之间、城市之间的利益竞争是确实存在的。然而,城市又不能够因噎废食,建立起封闭保守的心态和信息的森严壁垒。城市要在大数据的时代发展,要想淘得信息产业的金矿,需要与城市之外的各主体进行密切的合作,相互学习。一方面,需要积极地构筑信息安全的屏障;另一方面,还要积极地发展本地的大数据企业,掌握决定经济利益和城市经济安全的大数据。

总之,前路漫漫,创意型城市需要在挑战与机遇面前发挥创意的智慧,在不断进步的社会中谋得城市经济的繁荣和人民的幸福。

---

① [日]角川历彦. 云端时代[M]. 陈美瑛,译. 长沙:湖南科学技术出版社,2013:160. 内容企业,即日本对文化创意企业的称呼;内容创作者,即文化创作者。

结　语

　　经济繁荣始终是经济学的关注点。经济社会不断发展,经济学思想和理论不断演变,然而繁荣始终是经济学关注的核心。人们对经济增长、发展和繁荣的原因进行着不断地探索。在经济学诞生之初,土地和劳动被认为是财富的根源,是经济繁荣的主要因素,"土地是财富之母,劳动是财富之父";之后,资本进入人们的视野,成为经济增长须臾不可或缺的决定性要素;接着,技术、制度等被认为是经济繁荣的根基,技术创新、制度创新、商业创新(熊彼特意义上的)便成为经济发展和繁荣的核心要素。最先被人们认识到的土地、劳动、资本依然是经济的基本要素,然而技术、制度、商业组织的创新便涉及如何有效地利用土地、劳动和资本,如何制造和维持经济社会的繁荣。

　　在研究经济繁荣的问题上,城市正逐渐取代国家成为更加合适的总体单位。①城市经济与乡村经济具有本质上的不同,城市经济中先天地蕴含着创新和创意的要素,因而也就有着创造繁荣的法宝。"城市突破了乡村文化极度俭省的自给自足方式和睡意蒙眬的自我陶醉",跳出了农村经济静止的驴子推磨式的循环往复和孤立封闭,城市的集聚和流变特质催生了创新和创意,把经济社会推上了每天都有新事物的滚滚向前的节奏。②城市发展史上的兴衰更替,以及同一时代、同一国家之内,不同的城市有着不一样的经济成就,有的繁荣兴盛,有的停滞不前。细究之下,乃是由于城市先天的创意因素在有些城市由于各种原因受到遮蔽。

　　城市先天禀赋的创意元素若能够无遮蔽地生长,城市能够集聚和包容数量庞大的、异质化的人口,能够保证他们密切的交流和融合,城市便能够成为孕育创新的有机体,成为名副其实的"创意型城市"。现代城市不同程度地具有这些要素,因而体现了不同的繁荣程度。经济发展到现代,对城市这方面的要求也就更加严苛。生产力的再解放需要舍弃工具理性的机械化痕迹,拥抱更具活力的创意思维模式;人类存在状态的回归需要通过创意劳动的不断扩大化和深化,以逐渐从异化劳动的痛苦中解脱。创意型城市的打造需要克服掉机械论隐喻的控制思想,消弭掉资本逻辑的二律背反和福特主义的内在矛盾;需要结合新古典经济学和演化经济学的分析框架,以凝聚大众创新和顶层设计的双重动力;需要在产权保护和知识共享之间,在效率和公平之间,寻找到合适的尺度。全球创意城市的经典案例显示,"虚拟与想象"相结合的市场创意、"一与多"的市场聚合、"时间与空间"的市场叠加、"政府—中介—企业—消费者"的市场联动构成了创意型城市利用历史文化财富和现代艺术创意的市场经济策略。

全球创意型城市的呼声最早发端于文化经济领域,新一轮的城市更新渴望借助文化资源和文化创意,以达到城市复兴的目的。这一策略是符合现代经济发展规律的。人们的需求层次不断升级,产品实用价值之外的审美的、体验的要求越来越成为重要内容,这使得产品中日渐增加的韵味品质、审美属性和符号属性成为新的竞争元素。比如,食物不再仅仅是充饥的东西,色、香、味的要求和养生健体、愉悦心神的要求渐趋重要,吃饭的场所和环境也受到重视。饮食正逐渐成为一种服务性消费、体验性消费。衣、食、住、行这些最低层次的需求也日渐地增加了文化因素。更有文化产业的兴盛,电影、音乐、出版等行业逐渐占据了城市经济的较大比重。而这两方面的发展都与创意分不开,创意型城市便要在文化经济的发展中有所应对。打造地方性的"文化—经济"体系,积极利用城市文化资源,集聚文化产业,形成城市区域不可替代的重要性,打造具有地方特色的品牌,并在全球范围内销售本土产品。利用城市文化街区、事件经济管理、夜市经济开发营造城市经济的活力,以不断地孕育新的创新。

随后,对创意型城市的研究进入了文化经济与创意阶层并驾齐驱的阶段。需求方面的转变对城市经济提出了创意的要求,而城市创意的任务也必然要落到城市人的身上,"创意阶层"于是成为城市创意生产的核心群体。创意阶层的劳动方式不同于资本主义特征的雇用劳动,在这样的"劳动之中"创意是受到抑制的。现代劳动的特点有所转变,双休日、8 小时工作制等使得劳动强度降低,休闲娱乐时间增加,人们便有了"劳动之外"的闲暇时间,在这样的时间之中,人们更能够激发创意,形成创新。创意阶层能够通过生活和休闲的体验,获得创新的灵感,经过

"思"和"体验"的过程,破除缰索,积累素材,以思维的严谨和生命的鲜活完成创造性活动。个体的创造性活动形成了可供市场"选择"的"变异",进而形成了"知识进化"的机制。而要维持城市知识进化的顺畅,需要城市做好几个方面的工作:以开放和包容的心态接纳各色人等,积极面对一切时空广度的知识冲击,营造多样性和密集度;激发创意阶层的创造性活动,以维持庞大的知识变异基数;以政府的权力协调平衡,保障未获得经济回报的创新大众能够继续进行尝试。

大数据是城市面临的最新挑战,也是创意型城市的新起点。网络社会的崛起、3D打印机的出现等链接虚拟世界与现实世界、融合创意思维与创新产品的新的科技力量和思维模式不断地涌现,城市要保证创意型城市的活力便需要积极应对。大数据从各个方面影响了我们的思维、工作和生活,成为人们"获得新的认知""创造新的价值"的源泉,它对我们的生活提出了挑战,也带来了机遇。创意型城市需要认清大数据的实质以及它带来的社会转折的契机,积极吸收大数据的红利,并进行合理的风险控制。

总之,城市发展是历史的进程,我们要把握好过去、现在和未来之间的关系,努力打造能够"识变、应变、策变"的创意型城市,以追求经济繁荣和人民幸福的双重目标。创意型城市的建设还任重道远,需要我们积极发挥创意的智慧。

参考文献

（一）著作类

[1] [美]奥罗姆．城市的世界：对地点的比较分析和历史分析[M]．曾茂娟，等，译．上海：上海人民出版社，2005.

[2] [美]奥沙利文．城市经济学[M]．中译本，北京：北京大学出版社，2008.

[3] [法]鲍德里亚．消费社会[M]．中译本，南京：南京大学出版社，2008.

[4] [加]贝淡宁，[以]艾维纳．城市的精神[M]．吴万伟，译．重庆：重庆出版社，2012.

[5] [美]布坎南．自由、市场与国家[M]．中译本，北京：北京经济学院出版社，1988.

[6] 陈丹燕．我要游过大海[M]．上海：上海人民出版社，2010.

[7] 陈志武．金融的逻辑[M]．北京：国际文化出版社，2009.

[8] [美]戴维斯．水晶之城：窥探洛杉矶的未来[M]．林鹤，译．上海：上海人民出版社，2009.

[9] [美]丹尼尔·贝尔．后工业社会的来临[M]．高铦，等，译．北京：商务印书馆，1984.

[10] [美]丹尼尔·贝尔．资本主义文化矛盾[M]．中译本，北京：三联书店，1989.

[11] 德波．景观社会[M]．中译本，南京：南京大学出版社，2007.

[12] 邓永芳．哲学视阈中的文化现代性[M]．南昌：江西人民出版社，2009.

[13] [英]迪克斯．被展示的文化：当代"可参观性"的生产[M]．影印版．北京：北京大学出版社，2007.

[14] [英]厄里．符号经济与空间经济[M]．中译本，北京：商务印书馆，2006.

[15] 恩格斯.马克思恩格斯全集[M].第五卷.北京:人民出版社,1958.

[16] 范宝舟.论马克思交往理论及其当代意义[M].北京:社会科学文献出版社,2005.

[17] [美]范里安.微观经济学:现代观点[M].第6版.费方域,等,译.上海:上海人民出版社,2006.

[18] [美]埃德蒙·费尔普斯.大繁荣:大众创新如何带来国家繁荣[M].余江,译.北京:中信出版社,2013.

[19] 冯契.哲学大辞典(修订本)[M].上海:上海辞书出版社,2001.

[20] [美]佛罗里达.创意经济[M].北京:中国人民大学出版社,2006.

[21] [美]佛罗里达.创意阶层的崛起[M].司徒爱勤,译.北京:中信出版社,2010.

[22] [美]芬雷布.大数据云图:如何在大数据时代寻找下一个大机遇[M].杭州:浙江人民出版社,2014.

[23] [意]葛兰西.狱中札记[M].葆煦,译.北京:人民出版社,1983.

[24] [美]格莱泽.城市的胜利[M],刘润泉,译.上海:上海社会科学院出版社,2012.

[25] [美]海尔布罗纳,米尔博格.经济社会的起源[M].中译本,上海:格致出版社,上海人民出版社,2010.

[26] [德]黑格尔.法哲学原理[M].中译本,北京:商务印书馆,2012.

[27] [德]胡塞尔.欧洲科学的危机和超验现象学[M].中译本,上海:上海译文出版社,1988.

[28] [德]霍克海默,阿多诺.启蒙辩证法[M].渠敬东,等,译.上海:上海人民出版社,2006.

[29] [美]艾伯特·赫希曼.欲望与利益[M].李新华,等,译.上海:上海文艺出版社,2003.

[30] [美]曼纽尔·卡斯特.网络社会的崛起[M].第2版.夏铸九,等,译.北京:社会科学文献出版社,2003.

[31] [美]凯利.失控[M].东西文库,译.北京:新星出版社,2012.

[32] [德]科斯洛夫斯基.后现代文化:技术发展的社会文化后果[M].中译本,北京:中央编译出版社,1999.

[33] [美]乔尔科特金.新地理:数字经济如何重塑美国地貌[M].王玉平,等,译.北京:社会科学文献出版社,2010.

[34] [英]兰德利.创意城市:如何打造都市创意生活圈[M].杨幼兰,译.北京:清华大学出版社,2009.

[35] [英]约翰·里德.城市[M].郝笑丛,译.北京:清华大学出版社,2010.

[36] 李喆.创意劳动论[M].北京:科学文献出版社,2012.

[37] 鲁品越.资本逻辑与当代现实:经济发展观的哲学沉思[M].上海:上海财经大学出版

社,2006.

[38] [英]罗宾逊. 经济哲学[M]. 中译本,北京:商务印书馆,2011.

[39] [意]马基雅维利. 君主论[M]. 中译本,北京:商务印书馆,2011.

[40] 马克思. 直接生产的结果[M]. 北京:人民出版社,1964.

[41] 马克思恩格斯. 马克思恩格斯选集[M]. 第1卷. 北京:人民出版社,1972.

[42] 马克思恩格斯. 马克思恩格斯全集[M]. 第26卷. 北京:人民出版社,1974.

[43] 马克思. 1844年经济学哲学手稿[M]. 3版. 中共中央马克思恩格斯列宁斯大林著作编译局,编译. 北京:人民出版社,2000.

[44] 马克思. 资本论[M]. 1-3卷. 中译本,北京:人民出版社,2004.

[45] [英]迈尔-舍恩伯格. 大数据时代[M]. 盛杨燕,等,译. 杭州:浙江人民出版社,2013.

[46] [美]芒福德. 城市发展史——起源、演变和前景[M]. 北京:中国建筑工业出版社,2004.

[47] [美]奈特. 风险,不确定与利润[M]. 中译本,北京:商务印书馆,2006.

[48] [英]帕迪森. 城市研究手册[M]. 郭爱军,等,译. 上海:格致出版社,上海人民出版社,2009.

[49] [美]艾伦·斯科特. 城市文化经济学[M]. 董树宝,等,译. 北京:中国人民大学出版社,2010.

[50] [美]萨缪尔森. 经济学[M]. 第18版. 萧琛,主译. 北京:人民邮电出版社,2008.

[51] [瑞典]思罗斯比. 经济学与文化[M]. 中译本,北京:中国人民大学出版社,2011.

[52] [英]斯密. 国民财富的性质与原理[M]. 卷一. 赵东旭,等,译. 北京:中国社会科学出版社,2007.

[53] [美]斯皮格尔. 经济思想的成长(上下册)[M]. 中译本,北京:中国社会科学出版社,1999.

[54] 汤培源. 创意城市综述[M].《城市规划学刊》,2007.

[55] [英]汤因比. 历史研究(上)[M]. 上海:上海人民出版社,1966.

[56] 吴光华. 汉英综合大辞典[M]. 大连:大连理工出版社,2004.

[57] [美]赫伯特·西蒙. 现代决策理论的基石[M]. 北京:北京经济学院出版社,1989.

[58] 奚洁人,等. 世界城市精神文化论[M]. 上海:学林出版社,2010.

[59] [美]熊彼特. 资本主义、社会主义和民主主义[M]. 绛枫,译. 北京:商务印书馆,1979.

[60] [美]熊彼特. 经济发展理论[M]. 何畏,等,译. 北京:商务印书馆,1990.

[61] 徐井宏. 转型:国际创新型城市案例研究[M]. 北京:清华大学出版社,2011.

[62] [美]雅各布斯. 城市经济[M]. 项婷婷,译. 北京:中信出版社,2007.

[63] [美]雅各布斯. 集体失忆的黑暗年代[M]. 姚大钧,译. 北京:中信出版社,2007.

[64] 杨正洪 . 智慧城市：大数据、物联网和云计算之应用[M]. 北京：清华大学出版社，2014.

[65] [英]伊特韦尔 . 新帕尔格雷夫经济学大辞典[M]. 第 2 卷 . 北京：经济科学出版社，1996.

[66] 张雄 . 历史转折论[M]. 上海：上海社会科学院出版社，1994.

[67] 张雄 . 市场经济中的非理性世界[M]. 上海：立信会计出版社，1995.

[68] 张雄 . 经济哲学：从历史哲学向经济哲学的跨越[M]. 昆明：云南人民出版社，2002.

[69] 张雄，鲁品越 . 马克思主义经济哲学及其当代意义[M]. 郑州：河南人民出版社，2002.

[70] 张卫良 . "城市的世界"：现代城市及其问题[M]. 北京：社会科学文献出版社，2012.

[71] Berg, Leo van den. Urban systems in a dynamic society[M]. Aldershot: Gower，1987.

[72] Brucker G. Renaissance Florence[M]. Revised edition. Berkeley：University of California Press，1983.

[73] Deane P. The first industrial revolution[M]. Cambridge：Cambridge University Press，1965.

[74] Frances Cairncross. The death of distance：How the communications revolution is changing our lives[M] . Harvard Business Press，2001.

[75] Heberle Lauren C. Local sustainable urban development in a globalized world [M]. Aldershot，England；Burlington，VT：Ashgate，2008.

[76] Heilbroner Robert L. The worldly philosophers：The lives，times and ideas of the great economic thinkers[M]. Touchstone；7 Rev Sub，1999.

[77] Lindner Christoph. Urban space and cityscapes：Perspectives from modern and contemporary culture[M]. New York：Routledge，2006.

[78] Loewenstein, Louis K. Urban studies：An introductory reader[M]. New York ：The Free Press，1971.

[79] Sandel Michael J. What money can't buy：The moral limits of markets[M]. Farrar，Straus and Giroux，2012.

[80] Sir Peter Hall. Cities in civilization[M]. Pantheon Books，1998.

[81] Tallon Andrew. Urban regeneration and renewal London[M]. New York：Routledge，2010.

[82] Walmsley D F. Urban living：The individual in the city[M]. Harlow：Longman，1988.

[83] Ernest Hemingway. A moveable feast[M]. New York：Bantam Books，1965.

（二）论文类

[1] Costa, Camilla. 全球化进程中的创意城市及创意规划[J]. 规划师，2012，(4).

[2] William F. Leve. 在竞争与合作中创建世界城市——以苏格兰中部地区城市为例[J]. 南京社会科学,2010,(9).

[3] [法]查尔斯·安布罗西诺,文森特·吉隆. 法国视角下的创意城市[J],国际城市规划, 2012,(3).

[4] 代明. 创新理论 1912—2012[J]. 经济学动态,2012,(4).

[5] 董奇,戴晓玲. 英国"文化引导"型城市更新政策的实践和反思[J]. 国外规划研究, 2007;31,(4).

[6] 胡海峰. 福特主义、后福特主义与资本主义积累方式[J]. 马克思主义研究,2005,(2).

[7] [德]昆兹曼. 创意城市:城市发展的新模式?[J]. 国际城市规划,2012,a(3).

[8] [德]昆兹曼,唐燕. 欧洲和中国的创意城市[J]. 国际城市规划,2012,b(3).

[9] [德]莱纳·穆勒. 德国汉堡的创意城市发展策略[J]. 国际城市规划,2012,(3).

[10] 李宝芳. 英国城市复兴及其对我国的启示[J]. 未来与发展,2009,(9).

[11] 厉无畏. 迈向创意城市[J]. 理论前沿,2009,(4).

[12] 厉无畏. 建设创意城市与发展会展业[J]. 决策与信息,2012,(4).

[13] 鲁品越. 资本逻辑与当代中国社会结构趋向:从阶级阶层结构到和谐社会建构[J]. 哲学研究,2006,(12).

[14] 鲁品越. 从经济空间到文化空间的生产——兼论"文化—科技—经济"统一体的发展 [J]. 哲学动态,2013,(1).

[15] [英]露丝·陶斯. 节日、创意城市和文化旅游经济学[J]. 艺术百家,2012,(4).

[16] 张雄. 习俗与市场[J]. 中国社会科学,1996,(5).

[17] 徐大建. 资本的运营与伦理限制[J]. 哲学研究,2007,(6).

[18] 杨桂青. 资本·现代性·人——全国资本哲学高级研讨会综述[J]. 哲学研究,2006, (8).

[19] 张雄. 货币幻象:马克思的历史哲学解读[J]. 中国社会科学,2004,(4).

[20] 张雄. 现代性逻辑预设何以生成[J]. 哲学研究,2006,(1).

[21] 张雄. 财富幻象:金融危机的精神现象学解读[J]. 中国社会科学,2010,(5).

[22] 周正兵. 西方文化街区的基本特征与管理模式[J]. 经济地理,2010;30,(10).

[23] 周小玲. 来自凯尔特之虎的吸引[J]. 世界科学,2007,(3).

[24] 邹国伟,成建波. 大数据技术在智慧城市中的应用[J]. 电信网技术,2013,(4).

[25] Beatriz García. Deconstructing the city of culture: The long-term cultural legacies of Glasgow 1990[J]. Urban Studies, 2005,42:841-868.

[26] Bell D, Jayne M. Design-led urban regeneration: A critical perspective[J]. Local Economy, 2003,18:121-34.

[27] Booyens I. Creative industries, inequality and social development: Developments, im-

pacts and challenges in Cape Town[J]. Urban Forum, 2012,23:43-60.

[28] Brown M. Gordon. The owl, the city and the creative class[J]. Planning Theory & Practice,2010,1(1):117-27.

[29] García B. Cultural policy and urban regeneration in western european cities: Lessons from experience, prospects for the future[J]. Local Economy, 2004,19:312-26.

[30] Gert-Jan Hospers. From schumpeter to the economics of innovation[J]. Briefing Notes in Economics-Issue,2003,(56).

[31] Hughes G. Urban revitalization: The use of festive time strategies[J]. Leisure Studies, 1999,18:119-35.

[32] John Montgomery. A review of four cultural quarters in the UK, Ireland and Australia [J]. Planning, Practice & Research,2004,19:3-31.

[33] Katz M L. An analysis of cooperative research and development[J]. RAND Journal of Economics, 1986,17:527-43.

[34] Lovatt A,O'Connor J. Cities and the night-time economy[J]. Planning Practice and Research, 1995,10:127-134.

[35] Yencken David. The Creative city[J]. Meanjin,1988,47(4):597-608.

（三）其他

[1] [英]吉登斯. 现代性的体制维度[A]//汪民安. 现代性基本读本(下)[C]. 郑州:河南大学出版社,2005.

[2] [美]基思·N. 汉普顿. 在线与脱机形式的网络社交[A]//曼纽·卡斯特. 网络社会[C]. 周凯,译. 北京:社会科学文献出版社,2009.

[3] 孙锦. 都柏林:弥漫文学气息的"欧洲硅谷"——访爱尔兰都柏林市市长奥赛·秋林[N]. 深圳特区报,2013-10-22.

[4] 张卜天. "创造性"概念的历史[N]. 文汇报. 2012-08-06.

[5] 张雄. 事件经济的市场发展和世博机遇[N]. 解放日报,2009-04-26.

[6] 张雄. 从事件经济看中华元素的时尚表达[N]. 文汇报,2009-08-10.

[7] Landry Charles. Glasgow: The Creative City and Its Cultural Economy[R]. Glasgow Development Agency,1990.

[8] Lowry Ira S. "World urbanization in perspective" [A]//Kingsley Davis and Mikhal S. Bernstam (eds). Resources, Environment, and Population[C]. New York: Oxford University Press,1991.

[9] Molotch H. LA as design product: how art works in a regional economy[A]//A J Scott and E W Soja (eds). The City: Los Angeles and Urban Theory at the End of the Twentieth Cen-

tury[C]. Berkeley and Los Angeles：University of California Press,1996.

[10] Peter Loftus. Location，Location，Location ［N］. Wall Street Journal, October 15，2001,R14.

[11] 创意城市研究学院官方网站 . http：//www. gscc. osaka-cu. ac. jp/E/index. html.

[12] 联合国教科文组织官方网站 . http：//www. unesco. org/new/en/culture/themes/crea-tivity/creative-cities-network/.

[13] 中华人民共和国中央人民政府网站 . http：//www. gov. cn/zwgk/2013-08/17/content_2468348. htm.

[14] 中华人民共和国中央人民政府网站 . http：//www. gov. cn/zwgk/2013-08/17/content_2468348. htm.

[15] 维基百科 . http：//zh. wikipedia. org/wiki/％E5％BA％95％E7％89％B9％E5％BE％8B.

[16] 维基百科 . http：//zh. wikipedia. org/wiki/格拉斯哥 .

[17] Think Now,Innovation Cities Global Index 2012—2013[ol]. http：//www. innovation-cities. com/innovation-cities-global-index-2012/7237.

[18] 国家信息中心 . http：//www. sic. gov. cn/News/249/2391. htm.

后 记

　　城市可谓是人类最伟大的发明。与乡村相比,城市让文明成果得以更好地储存和流传,让人类进步的动力和阶梯得以孕育。然而,纵观古今中外的城市发展,又不乏兴衰更替的变迁。那么,城市繁荣与创新的根基究竟何在? 这是全国经济哲学研究会会长张雄教授抛给我的题目。从此,它如至宝令我爱不释手,又如魔咒日夜萦绕我心。这便是拙著的由来。及至修改定稿才感觉稍稍站进这一宏大课题的门槛,回看拙著则又出现许多不满意处,若重新展开论述,则不知何年才立止境。故仓促呈现在读者面前的拙著,只是一种尝试的记录,是千里之行的第一个脚印。有了它,总不辜负我五年来发落如木叶萧萧,亦可鼓励我未来五十年三千黑发前仆后继。

　　细数拙著成书的历程,从前辈、同侪处汲取了很多营养(这也正是城市,这一孕育创新的有机体,所提供的便利之一)。攻读博士期间,光阴匆匆。先生们开设的有着思想高度和学术深度又声情并茂的课,总也没听够;先生们令人景仰的治学精神和学术修养高山仰止,而他们的育人情怀和谆谆教诲又春风拂面。这些无一不是营养,既提供了令我身心舒泰、精神振奋的精神食粮,又为我的研究进展提供了灵感和具体的助益。在此要郑重地呈上我的感谢。

　　感谢全国经济哲学研究会会长张雄教授。张老师是我最喜爱的先生,他开设的每一门课我都听了又听,每一次听都有如参加了精神的饕餮盛宴,可吃可拿。先生毫不吝惜地把最新研究成果倾囊相授,他课堂的时空之中充盈的精神财富令我盆满钵满,也使我有如贪吃的小孩,在堆积如山的糖果面前总嫌自己的口袋太小。

拙著成书的全过程都凝聚着他的心血,如果其中还有些许可取之处的话,全都是先生的功劳。当然,书中的差错疏漏和水平上不尽如人意的地方则都由我自己负责。感谢张老师!

　　感谢上海交通大学罗守贵教授。罗老师是我博士后合作导师,进站以来受到老师很多方面的帮助和指导,对我的学术和生活都助益良多。罗老师对拙著的修改提出了许多宝贵的意见,并欣然为我作序。感谢罗老师!

　　感谢复旦大学的马涛教授、上海师范大学的陈泽环教授、上海财经大学徐大建教授和鲁品越教授。他们都以包容之心帮我提出了许多宝贵的建设性意见,令我如受棒喝,瞬时豁然。

　　感谢亲人和朋友。你们的爱和帮助是我前进的动力。

　　本书受上海交通大学安泰经济与管理学院基金资助出版,并得到清华大学出版社编辑杜星老师的诸多帮助,在此一并表示感谢!

李成彬

2015 年 12 月 19 日